フィンランド流

イクメンMIKKOの世界一しあわせな子育て

ミッコ・コイヴマー
Mikko Koivumaa

かまくら春秋社

カバー写真　大河内　禎
カバーデザイン　佐藤ゴウシ(SANKAKUSHA)

発刊によせて

私たちフィンランド人は、男女平等社会を実現したとして、しばしば注目を浴びることがあります。小さな国家にとって、その実現は意識的な政治決断だったばかりではなく、すべての国民を巻き込むことは国の利益をともなう緊急の課題でもありました。

私たちは数十年にわたって男女間格差の問題のみならず、異なる人種的背景、収入や文化、性的志向などにおける平等を実現するために多くの社会変革に取り組んで来ました。その挑戦はいまだ続いており、男女平等の問題についても、改善の余地はまだまだあります。社会的には女性が積極的に労働に参加していますが、家庭内における男女平等への闘いはまだ始まったばかりと言えます。

本作の著者ミッコ・コイヴマーは、夫婦間における男女平等の当然の結果として、子どもたちのオムツを替え、子育ての本格的な担い手となった第一世代のフィンランド人男性の代表です。ここに至るまでに、数十年の時と数世代を要したことは、我が国にとって忘れてはならない事実です。

社会や職場における男女平等社会の実現のためには、様々な社会保障制度が必要とされています。

本書がパートナー同士の議論の出発点となるとともに、現代を生きる“イクメン”とその家族の暮らし方や考え方の好例となるよう願っています。

©Petri-Artturi Asikainen

ヤリ・グスタフソン
駐日フィンランド大使

はじめに

２０１０年にフィンランド大使館の報道・文化担当参事官としてここ東京に着任して以来、日本の皆さんが北欧の国々にとても高い関心を寄せていることを日々実感しています。フィンランドはムーミン、サンタクロース、サウナ、オーロラ、デザイン、教育など実に多くのことで知られています。そして豊かさに加えてリラックスしたフィンランド人のライフスタイルは、きっと日本の皆さんの参考になると思います。

しかしフィンランドの「イクメン」のことはまだあまり知られておらず、大使館には日々とても多くのお問い合わせを頂きます。この本ではそれに対する回答として、僕の家族を例にフィンランドのイクメンについてのお話をしたいと思います。僕個人の話は決して特別なものではありません。むしろ僕たちは典型的なフィンランド人の家族で、だからこそフィンランドを語るにあたってのいい例になるのではないかと思います。

――数年前アメリカ人ビジネスマンが会議のためにヘルシンキに滞在していたときのこ

と。休憩時間中、彼は気分転換にフィンランド人の同僚と市内を散歩することにしました。その間あまりにも多くのベビーカーを押す男性たちとすれ違うため、彼はこう尋ねました。

「ずいぶん多く男性のベビーシッターがいるようだけど、なぜだい?」するとフィンランド人の同僚は笑いながら「彼らはベビーシッターじゃないよ。普通の父親さ」と答えました——

話の真偽のほどはさておき、このエピソードは今日のフィンランドの日常をとてもよく表していると思います。

日本と僕との関わりはかなり長いものになります。フィンランドの大学で日本に関する研究を重ね、2003年の1年間、留学生として早稲田大学に学びました。しかし3年前に再来日するまで、日本の社会で「イクメン」という言葉や男性が育児に大きな役割を果たすライフスタイルに関心が集まっていることも知りませんでした。フィンランドに「イクメン」を表す言葉はありません。なぜなら男性が育児に積極的に関わることはごく自然なことだから。そのことを指し示す「イクメン」という特別な言葉があることに、とても驚きました。

FINLAND

フィンランドを訪れたら、きっとこんな光景を目にすると思います。お相撲さんのように大きな身体をしたパパが、デパートのトイレでオムツを替える姿。無数のピアスを身につけ、タトゥーを入れた若いパパが、慣れた手つきで子どもに食事を与える姿。子どもを遊ばせるため、児童館に子どもとふたりで出向くミュージシャン風のパパ……などなど。フィンランドではどんなタイプの父親も子育てに積極的だという印象を持たれることでしょう。

その意味でフィンランドは日本よりも男性の子育て参加で数歩先を行っていると言えます。しかしその歴史は長くはありません。急速にイクメン先進国となった祖国の話をみなさんとわかち合うことで、日本のイクメン先進化を進めることは、それほど難しいことではないように感じます。そしてすべての北欧諸国と同様、フィンランドにもまた、多くの分野で改善の余地があり、よりよいイクメンの国になることができるはずだと考えています。

皆さんも多くの一流スポーツ選手や政治家などのインタビュー記事を目にすることがあるのではないでしょうか？　そのなかで彼らの多くはこう語ります。「人生の中で唯一後悔していることは、子どもと過ごす充分な時間がとれなかったこと」だと。またある記事では、「わたしは本当の父の姿を知ることができませんでした」と語る人もいるでしょう。彼らの父親はいつも忙しく働いていたため、子どもたちは具体的な父親像を描くことができなかったのです。いまの日本では多くのパパたちがこのような事態を避けたいと思っているのではないでしょうか。少なくともフィンランド人はそう考えています。子どもが子どもでいるのはほんの一瞬。だからこそ親は子どもをじゅうぶんに慈しむべきなのです。

日本により多くのイクメンが増えるべき理由は明らかです。なぜならイクメンのいる家庭のほうが、いない家庭よりもずっとしあわせだから。それは国家レベルで考えても同じことです。その例を挙げてみると――。

1. イクメンが増えるということは、より多くの男性に子どもと過ごす時間が増えるとい

うこと。僕はこのことが男性の人生の質や価値を高めることになると心から信じています。彼らの人生にはより多くの意味と理由がもたらされることになるでしょう。

2. イクメンが増えることで、子どもたちは自分たちの父親をよりよく理解し、よい父親像を描くことができるようになります。子どもは父親と良好な関係を築き、よりバランスのとれた世界観・生活観をつちかうことになるでしょう。

3. イクメンが増えて子育てで大きな役割を果たし、彼らの労働時間が短くなければ、女性の働き方に多くの選択肢をもたらします。女性がキャリアを積む可能性を高めて理想的なワーク・ライフ・バランスを実現し、より充実した人生を送ることにつながるでしょう。

4. イクメンが増えれば、それは国を強くすることにつながります。高齢化社会を迎え、多くの労働力を必要とする日本にとって、女性の社会復帰は国力向上の強力な後押しとなります。これは今日の日本に関する研究でも認められているところ。例えばＩＭＦ（国際通貨

FINLAND

基金）の研究によると、日本が今後20年間で女性の労働参加率を北欧諸国と同レベルに引き上げれば、日本の国民ひとり当たりのGDPは10％上昇する可能性があるといわれています。そう、日本の経済にとっても、イクメンが増えることは有益なんです。

もちろん、社会をイクメン歓迎ムードに変えるのはたやすいことではありません。フィンランドには、国をイクメン先進国へと導いた様々な布石がありました。それは／すべての子どもが保育サービスを受けられる権利／手頃な価格の保育施設のネットワーク／母親の産前の職への復帰を産後3年間保証する法律／男女の雇用機会の均等／低年齢の子どもを持つ父親を対象とした施策／男女平等に対して開かれた社会……などです。僕はこれらの事柄について、これからみずからの経験を交えてお話ししていこうと思っています。

本書最大の目的は、日本にもっともっとイクメンが増えるようにエールを送ること。僕の個人的な物語とフィンランドのイクメン事情のご紹介がその一助となれば幸いです。

2013年4月吉日

ミッコ・コイヴマー

目次

第1章

“イクメン先進国”フィンランド

フィンランド――そう聞いて、あなたが思い浮かべるのは何でしょうか？　北欧にある雪と氷に閉ざされた国？　ムーミンやサンタクロースの故郷？　オーロラ観測に最適な場所？　優れた教育制度や恵まれた社会福祉制度？　ヘヴィメタルバンドや機能美あふれるデザイン？　フィンランドという国は、ここ日本で驚くほどよく知られています。どれほど多くの日本の皆さんが僕の国に良いイメージを持っていらっしゃることか！

独立国としては歴史の浅いフィンランド。氷河期の直後からそこに人類が居住していた形跡は見られるものの、その名が歴史の表舞台に登場するのは12世紀に入ってからのことです。EU加盟国としては最北端に位置する国であり、スウェーデンと日本の隣国・ロシアに接しています。日本とは同じお隣さんを持つもの同士ですね。フィンランドは遠い国――そんなイメージをお持ちかもしれませんが、実はヨーロッパのなかでは日本から一番近いのです。成田空港からヘルシンキ＝ヴァンター国際空港まで、直行便なら飛行時間はおよそ10時間。だからこそ、近年ヘルシンキ経由でヨーロッパやフィンランドを訪れる日本人観光客やビジネスマンが増えているのでしょう。

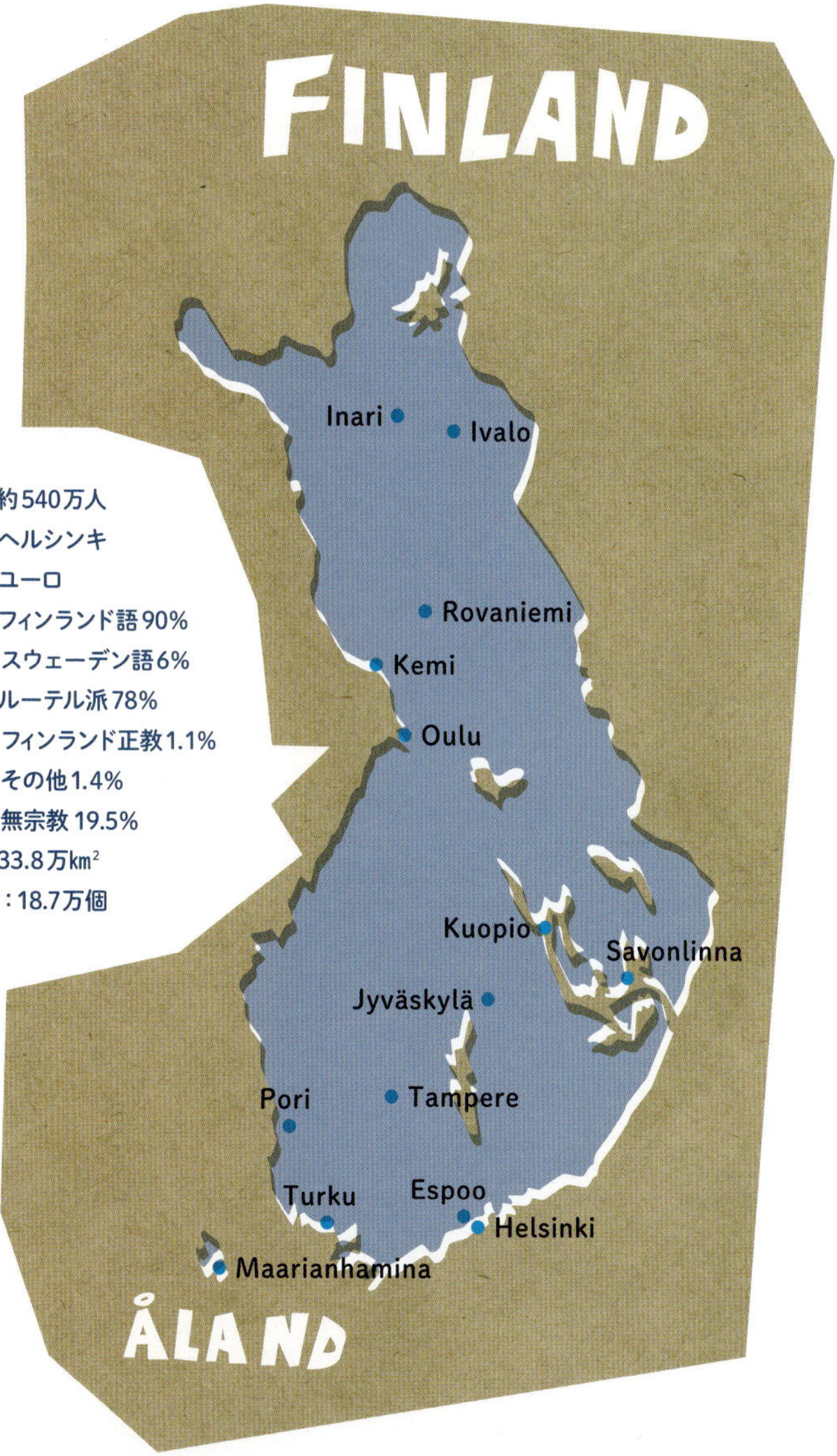

人口：約540万人
首都：ヘルシンキ
通貨：ユーロ
言語：フィンランド語90%
　　　スウェーデン語6%
宗教：ルーテル派78%
　　　フィンランド正教1.1%
　　　その他1.4%
　　　無宗教19.5%
面積：33.8万㎞^{2}
湖の数：18.7万個

フィンランドは小さな国ですが、それは人口に限ってのこと。人口はおよそ５４０万人、日本の人口のわずか４％にすぎません。しかし国土の広さについては、日本とそうかわりがありません。３７，８万平方キロメートルの日本は世界で62番目の広さ、一方のフィンランドは３３，８万平方キロメートルの国土で世界65番目となります。計算上、日本では1平方キロメートルあたりに３３６人が暮らすところ、フィンランドでは16人となります。人がそんなに少ないのなら、そこには何があるのでしょうか？ 簡単に言ってしまえば、そこには森と湖があるのです。国土の78％は森で覆われており、１８７，８８８もの湖が存在します。これがフィンランドが「森と湖の国」と呼ばれるゆえんでしょう。

では、その５４０万の「森と湖の国」の国民とはどんな人たちなのか？ もしフィンランド人にたずねたとしたら、きっとこんな答えが返ってくるはずです。控えめで働き者。正直者でもの静か。わたしたちはエンジニアで、問題を解決するのが好き。しかし同時に、ものを売ることやそのノウハウには長けていない……と。僕は多くの点でフィンランド人は日本人に似ていると思います。ヨーロッパの人々の多くが、「フィンランド人はヨーロッパの中の日本人だ」と言うのにも頷けます。

フィンランドは１９６０年代までは貧しい国でした。しかしそれ以降の急速な発展には目を見張るものがあり、いまではさまざまな分野においてもっとも先進的な国となりました。まるでおとぎ話のようですね。今日の国際的な比較ランキングにおいては、フィンランドはとてもよい評価を受けています。そのいくつかの例をご紹介しましょう。

ランキングで見るフィンランド

1位 〜 2位

国際学習到達度調査

OECD（経済協力開発機構）
（2000年より 2009年までの調査において複数回）

1位

世界最高の国ランキング

米国・『ニューズウィーク』誌
（2010年）

1位

報道の自由度ランキング

国境なき記者団
（2013年、2002年より現在までに９回第１位）

2位

ジェンダー格差指数ランキング

世界経済フォーラム
（2012年）

2位

ビジネスに最適な国ランキング

米国・『フォーブス』誌
（2013年）

これらのランキングの情報をはじめ、多くの日本人がフィンランドについてさまざまな知識を持つ一方で、フィンランドがイクメンの国であることはあまり知られていません。そこでこの本を書くに至ったのですが、そもそもフィンランドはなぜイクメン先進国なのでしょうか？　もちろん、そこに単純明快な答えはありません。僕はこれまでフィンランドのイクメンについてさまざまな場所で講演をしてきましたが、最初の講演の準備をしていたときのことをよく思い出します。講演を面白いものにしたいと思って準備をしていたのですが、調べれば調べるほどイクメンの話はシリアスな方向へと向かっていきました。それはフィンランドの歴史、政治、社会や文化と密接に結びついていたからです。

なぜフィンランドにはイクメンが多いのか——？　その理由を考えるにあたって、頭に浮かんだのは主に次の3つでした。

1. 父親は子どもと一緒にいたいと思っているから。今日のフィンランド社会はその考えを受け入れ、奨励さえしている。

2. 国からの子育てに関する各種の手当と法律で保証された短い労働時間が、イクメンの存在を経済的および実質的に可能なものにしているから。

3. フィンランド人男性は男女は平等であると考えており、子育ての権利や責任についても公平に分かち合うべきだと考えているため。

これらのイクメンの存在理由にフィンランドの歴史や政治、社会と文化的要因はどのように関わっているのでしょうか？ 駆け足にはなりますが、それについてご説明します。

1 歴史：男女平等への長い物語

フィンランド社会におけるイクメンの存在は、男女平等の長い歴史に大いに関係があります。その歴史は多くの点で世界でもっとも長いものだと言えそうです。

1864年、フィンランドでは新しい法律によって女性の解放が実現しました。これにより独身女性たちは、25歳になると父親の保護下を離れ、すべての権利を獲得できるようになったのです。

フィンランドは1809年から1917年までロシア帝国の一部で、部分的な自治権が認められた存在でした。言語や文化的にはロシアとは異なっていたのです。皇帝によってフィンランドに対する統治の仕方は異なり、あるときは特別な権利が認められ、あるときは冷遇される……といった具合でした。ロシア統治時代はまた、フィンランド人のアイデンテイティが造られた時代でもありました。多くの人々が当時公用語であったスウェーデン語に代わってフィンランド語の地位向上を願い、19世紀半ばにはフィンランドは独立した国家であり、文化であるという思想が強くなりました。

実は我が国の平等の歴史に、日本は重大な役割を果たしています。日本は１９０４年から１９０５年まで続いた日露戦争に勝利し、ロシア帝国が弱体化していることを世に知らしめたからです。戦争の余波によってロシア革命が起こり、皇帝ニコライ二世は専制君主制をあきらめ、ロシア議会（ＤＵＭＡ）の創設を余儀なくされました。１９０５年には労働運動が始まり、フィンランドでもゼネラル・ストライキが勃発。それが功を奏

©Miina Sillanpää Foundation

Miina Sillllanpää
ミーナ・シッランパー

フィンランド初の女性議員にして、初の女性大臣となった政治家・ミーナ・シッランパー。労働運動のカギを握った人物でもあり、本国では有名な女性です。

してフィンランドは１９０６年に参政権やその他の政治的権利について交渉することが可能になったのです。当時フィンランドは普通参政権を要求していたため、政治的権利の拡大には女性も含まれることとなりました。粘り強い交渉の末、議決権を持つ人々の数は12万６０００人から１２７万人へと約10倍にも拡大しました。

ニュージーランド、オーストラリアに次いで、フィンランドは世界で3番目の女性に参政権を与えた国であり、世界で初めて女性に被選挙権を与えた国にもなりました。フィンランド初の議会選挙は１９０７年に行われ、その際世界初となる女性議員が19人も誕生したのです。そのうちの１人、ミーナ・シッランパーは労働運動のキー・パーソンであり、１９２６年にはフィンランド初の女性大臣となりました。

女性たちは政治の舞台に存在するだけでなく、何十年もの間労働力の担い手としても重大な役割を果たしてきました。第二次世界大戦中、他の国々の女性たちと同様にフィンランド人女性たちもまた最前線で戦う男性たちに代わって労働に従事しました。その後の戦争の終結にもかかわらず、女性たちが伝統的な仕事（家事や育児など）だけに復帰することは

ありませんでした。これは単に、彼女たちの労働力が必要だったからです。

第二次世界大戦でソビエト連邦と戦ったフィンランドは、若く貧しい国でした。敗戦国となったことで国は部分的に破壊され、貧しさは募るばかり。戦勝国となったソ連への莫大な戦争賠償金をも背負うこととなったのです。戦前、多くのフィンランド人は小規模農業によって生計を立てていましたが、１９５０年代から60年代にかけてヨーロッパの中でももっとも急速に都市化を進めることとなりました。その過程で、フィンランドの労働力における女性が占める割合は40％にも達し、他のどの国よりも高い比率となりました。女性たちは戦後すぐに工場やオフィスで男性たちと同様の仕事をやってのけ、労働社会の一部となりました。それと同時に経済的にも自立を果たしたといえるでしょう。

戦争に参加した多くの国々同様、フィンランドもまた戦後すぐにベビーブームを迎えました。異なる点は、１９４５年から１９５０年まで続いたブームの後、急速に出生率が落ち込んだこと。人々がたくさんの子どもを持つように奨励するのと同時に、女性が働き続けるよう応援することも重要だったのです。

多くの子どもを持つのと同時に女性の社会復帰を促すには、どのようにすればよいのか？　その答えは、未就学児の保育をどう整備していくかにあるという考えに至ったのです。その解決策としてフィンランド政府が打ち出したのは、１９７３年に制定された保育法で、国のすみずみまで行き渡る保育園のネットワークが構築されました。

女性に子どもを持つことを推奨し、また産後の社会復帰を雇用契約の角度から支援する労働契約法も１９８５年に作られました。この法律により、母親は、子どもが3歳になるまで産前の職を失うことなく、子育てに専念できるようになりました。女性たちは実質的に家庭か仕事かの選択をする必要がなくなったのです。

いままでお話ししてきた改革により女性たちはフィンランド社会のなかで、男性と平等の地位獲得を達成したのです。特に政治の世界では顕著な例が見られます。

２０００年、フィンランドは共和国としては世界で初めて女性元首を選出しました。国民からの直接選挙によって選ばれ、２０００年から２０１２年までの２期を務めあげたタルヤ・ハロネン元大統領です。また大統領には及ばずとも、アンネリ・ヤーッテーンマキとマリ・キヴィニエミという２人の首相経験者もいます。現在のユルキ・カイタネン政権下では19閣僚のうち９人が女性、前内閣では20のポストのうち11名が女性でした。２０１１年に行われた議会選挙においては２００議席のうち85議席を獲得したのが女性でした。実に議会の42．５％が女性で占められているのです。

©President Halonen's Office

Tarja Halonen
タルヤ・ハロネン

フィンランド初の女性大統領となったタルヤ・ハロネン元大統領です。国民からの高い支持を得て、フィンランド第11代大統領として2期を務めました。

先にもご紹介した世界経済フォーラムのジェンダー格差指数ランキング(2012年)によれば、フィンランドは世界第2位の男女平等国家。このランキングの上位4カ国はすべて北欧の国々です。同調査は2006年から毎年行われており、我が国は135カ国中、常に2位か3位につけています。

もちろんフィンランドにも男女平等においての改善の余地はまだまだあります。特に給与の平等性について言えば、昨年行われた調査でフィンランド女性の平均年収は男性の82%であることが分かりました。格差は年々縮小していますが、男女の収入格差の違いは女性のほうが管理職へとつながりやすい、経営や技術に関する研究を避ける傾向にあるところに起因します。もうひとつの理由としては、女性が出産後に子育てのために一時職を離れることが挙げられます。彼女たちの不在の間、男性はキャリアを積み上げるからです。

しかしながら、歴史は更新し続けられています。女性がフィンランド社会の多くの分野でこれからも飛躍し続けるであろうことは、数字で証明されているのです。すでに高等教育を受ける男女の比率は女性が55%で男性を逆転。2012年の秋に始まった外務省の外交官

養成コースでは、なんと19人の女性に対して男性の在籍者はたったの4人でした。さて、フィンランドの男女平等の歴史はこの後どんな軌跡を描いていくのでしょうか――。

2 政治：子育て支援の3つの柱

今日のフィンランド人男性が子育てにおいて積極的な役割を果たしていることについて、もうひとつの要因として挙げられるのが、父親に対する国家の施策です。フィンランドは社会民主主義国であり、北欧型の福祉社会です。政府は国民に多額の税金を課すかわりに、各種の手当やサービスなど、さまざまな方法で富の再分配を行っています。政府はどのような方法で男性たちの子育てへの参加を促しているのでしょうか？ フィンランドには、多くの母親や父親、または家庭で子どもを養育するいずれかの親に対する数々の政策があります。そのなかでもイクメンのバックアップに欠かせない3つの制度をご紹介します。

1 父親による取得増加が課題の育児休暇制度

母親休暇（産前産後休暇）／母親手当

・産前30～50日からの105日間（約4ヶ月間）、子どもが生後3ヶ月に達した時点で終了。
・はじめの56日間は給与の約90％、以降は給与の約70％が支払われる。
・すべての女性が取得する。

両親休暇／両親手当
・母親または父親、もしくは両親で分割取得が可能。
・母親休暇終了後～158日間（土曜日を含む約6ヶ月間）、子どもが生後9ヶ月に達した時点で終了。
・給与の約70～75％が支払われる。
・2010年には、およそ23％の男性が部分的に取得。

父親休暇（後述の父親月間を2013年1月父親休暇に統合）／父親手当
・54日間または9週間
・1日～3週間までは母親が母親休暇や両親休暇を取得中でも利用可能。
・残りの日数は、母親休暇や両親休暇が終了して母親が家にいない場合取得可能。

・給与の約70〜75%が支払われる。
・2011年には、父親休暇の取得率がおよそ80%、父親月間の取得率がおよそ25%（父親休暇と父親月間を分けた場合）

一時休暇

・10歳以下の子どもが病気になった場合、両親の一方が一度に4日までの休暇を取得可能。
・国からの補償はないが、たいてい有給休暇の取得が可能（勤務先との労働契約による）。

1970年代の家族政策決定過程に至るまでフィンランド人男性の家庭における役割は、元法相のヨハンネス・コスキネン氏の言葉を借りるならば「単に扶養者とか精子提供者」と考えられていました。10年におよぶ男女の役割についての議論の後、ついに政府の政策に新しい考えが取り入れられるようになりました。フィンランド人男性は1978年に父親休暇を取得する権利を与えられることになったのです。女性はすでに産休に対する出産手当を手に入れており、父親休暇は男性に向けられた最初で最大の子育て支援策となりました。以来、父親休暇は期間や柔軟性、金額などにおいて進化を続けています。

２００３年、政府は新たな父親向けの政策を打ち出します。それが「父親月間」と呼ばれるものです。父親月間の意味するところは、母親が両親休暇の終了よりも早く社会復帰をして家にいない場合、父親はそれにかわって子どもを保育するために都合4週間までの休暇がとれるというものです。

父親月間制度がスタートした２００３年には、わずか3％の父親がその休暇をとるに過ぎませんでした。しかし制度が認知されるようになってきて以来、取得する父親は確実に増えてきています。２０１０年には父親月間の長さが4週間から6週間へと延長されて制度の利用者を前年比で30％以上アップさせ、２０１１年にはおよそ25％の父親が休暇を利用するに至りました。また父親月間の制度ができる前と比較すると、実に6倍もの男性が両親休暇の一部を自らが取得するまでになりました。

いままでお話ししてきたような父親に対する制度の発展や追加が、その制度をメジャーなものへと押し上げました。現在政府が目標とするのは、より多くの父親が母親のかわりに両親休暇を取得するようになること。現在のカイタネン政権においては、父親の制度利用者増加が政府の目標のひとつに掲げられました。２０１３年、父親月間は新しい父親の休暇のシステムに統合されることとなり、よりフレキシブルな利用が可能となりました。

多くの研究により、父親休暇や父親月間を取得して長い期間子育てを担ってきた父親が、子育ての苦労と日々の家事とをよく理解するようになることが分かっています。この結果は家庭内における家事分担を公平にし、争いごとを減らすことにつながります。父親が休暇制度を利用することには、このようなメリットもあるのです。

フィンランドには、イクメンの中にセレブ（セレブリティ）と呼ばれる人々はいません。しかし、近年の政府には多くの若い大臣がおり、首相を含むそのほとんどが子どもの誕生時に父親休暇を取得しています。これはたいてい、ニュースになるんですよ！

2 すべての未就学児が受けられる保育制度

フィンランドの女性が産後も働き続けることを可能にするのに欠かせない要素のひとつに、保育サービスがあります。その法律上のベースとなるのが１９７３年に施行された育児法です。この法律により政府は全国的な保育サービス（保育園）のネットワークの構築を迫られましたが、それは一夜にして完成したわけではありません。働いている、いないに関わらず未就学児童を持つすべての親が子どもを保育園に預けられる権利を取得。その提供は自治体や市町村の義務となり、国は補助金を給付することとなりました。

保育サービスに対する需要と不足しがちな供給とのギャップを埋めるため、１９７０年代には新たな社会改革が行われました。〝家庭保育士〟の誕生です。その多くは母親で、自宅に実子を含む最大５人までの子どもを受け入れ、保育する人のことを指します。この職に就くには講習を受けることが義務づけられており、彼女たちへの給与は地方自治体や子どもを預けた親から支払われます。

地方自治体による保育サービスは義務化されていますが、民間の保育サービスの提供者もいます。そして民間の保育サービスを利用する親たちもまた、国から手当を受け取ることができるのです。民間の保育サービスのネットワークは国内中に広がっており、入所を希望する自宅近くの保育施設がいっぱいでも、すぐに空きのある別の施設を見つけることができます。

学校教育とは異なり、保育サービスは無料で受けられるわけではありません。料金は両親の収入によって決まりますが、昼食代を含めても最大で月２００ユーロ以下と、それほど高額ではありません。

日本の保育制度と異なり、フィンランドの保育制度はとてもゆとりのあるもの。子どもたちは多くの時間を保育園の園庭などの屋外で過ごします。僕の子ども時代の経験も含めて、そのことについては後ほど詳しくお話ししたいと思います。

3 新米ママ&パパの希望を叶える家庭保育給付金

わが国の女性たちは産後の職場復帰を奨励されていますが、その多くが子どもが生まれてからの数年間は自らの手で子どもを育てたいと考えています。そのような考えを持つ両親へのサポートと、保育サービスに対する多大な需要を緩和する目的で、１９８６年に国が始めたのが家庭保育給付金の制度です。満3歳に達するまで家庭において子どもを保育する両親のための手当で、２０１２年には平均で月８００ユーロが各家庭に支払われました(未就学児童が他にもいる場合、別途手当が加算されます)。

この家庭保育給付金がある点が、フィンランドと他の北欧諸国との違いをもたらしています。フィンランドでは少なくとも子どもが1歳半になるまでは、家庭で保育をするのが一般的。両親たちの多くは子どもが2~3歳になるまでは保育施設に預けるのは早すぎると考えており、2歳児の半数が家庭で保育されているのに対し、デンマークやスウェーデンではその割合が13%ほどと言われています。

3 社会と文化：今日のフィンランド

これまで見てきたように、フィンランドには男女平等の長い歴史があり、男女が職場でも家庭でも仕事を分かち合うことが当然とされています。また男性が子どもたちと時間を過ごすよう、政府から父親に向けられた多くの優遇措置や法律があることについても触れました。しかし、男性たちがイクメンという存在になる最大の理由は、彼らの中にある動機です。どうしてフィンランド人男性たちは、我が子の人生に大きな存在感をもたらしていたいのか――？　なぜなら、そうしたいからです！　より多くの男性が子どもと一緒にいたいと思っています。それは今日のフィンランドの文化となっています。果たしてその文化はどのようなものなのでしょうか？

1 仕事VS家族 尽きることのないジレンマ

日本と同じように、フィンランドでも仕事は価値のある、重要なものだと考えられています。現代社会において仕事とは我々を定義するものであり、僕たちのアイデンティティの大きなよりどころとなっています。例えば誰かに出会ったとき、名前の次にたずねるのは、どんなお仕事をなさっていますか？ ではないでしょうか。僕たちフィンランド人は自分たちのことを仕事熱心だと思っています。しかし、日本の皆さんと比べたら、やはりフィンランド人の仕事や会社における役割は小さいと言わざるをえないでしょう。

フィンランドは福祉国家であり、従業員が強力な権限を持っています。週40時間労働というのは法律で定められているのです。平均的なフィンランド人は朝9時から夕方17時までの8時間働きます。われわれにとっては仕事がすべてではなく、幾度にもわたる労働時間減少への挑戦は、フィンランド人に「自由な時間はお金よりも尊いものだ」ということを教えてきた、と多くの研究で述べられています。それゆえ、僕たちは自らを勤勉ととらえながらも、8時間で仕事を終わらせようとするのです。

またフィンランド人の多くは、家族に重きをおきます。だから人々が仕事か家庭かの選択を迫られたときには、たいてい家族を選びます。それでも、僕たちが残業しないというわけではありません。日本よりも少ないと言いたいだけなのです。また残業に対して雇用主は補償を迫られるため、気をつけなければならないという側面もあります。

つまり僕が言いたいのは、フィンランド人は週末だけでなくウィークデイも含めて人生を楽しもうとしているということ。17時を過ぎたら、自由時間や家族のための時間を過ごすと決めています。この点でフィンランド人の父親と日本人の父親は異なります。僕たちには子どもたちと過ごすためのじゅうぶんな時間があります。仕事が家族と過ごす時間の妨げになることはないのです。

2 より自由な役割分担、アイデンティティの確立

フィンランド人男性が極めて物静かで、もっともっと男性的であった時代はそう遠い昔のことではありません。彼らは感情を表すのがあまり得意ではありませんでした。

しかし我が国ではこの数十年で男女の定義やアイデンティティについて大いなる変化がありました。このことが社会を男女同権主義へと導き、つまりはフィンランド人に性別に関わらず自らのアイデンティティを定義し、どんな人でありたいか決めることを許したのです。このことは、フィンランド人男性が子どもやパートナーへの愛情を大っぴらに示すことを可能にしただけでなく、それは社会的に大いに祝福されるべきことにすらなりました。

僕たちの文化は、特に都市部ではとても柔軟なものになりました。フィンランド人男性はマッチョではありません。少なくとも他の国々に比べたら、ずっと――。男性ができることと、できないことの境界線の存在は遠い過去のものとなりました。それをうまく説明するの

はとても難しいのですが、我が国において男性と女性の定義と役割が自由でフレキシブルなのは、やはり歴史によるところが大きいでしょう。

しかしながら、我が国においても男性の役割は過渡期にあります。最近の両親の考えについての研究でも、父親はいまだ自らが家族の稼ぎ手であることに責任を感じていることがわかっています。伝統的な男性の役割は部分的ではあるものの、いまだに存在しているのです。しかし同研究では、父親が育児は両親の責任だと考えていることも分かっています。一方では伝統的な強い男であることが期待され、一方では柔軟な家庭人であることが期待されている。いまを生きるフィンランド人男性たちが、そのことについて時には混乱することがあっても不思議ではありません。しかし僕自身は、この多面的な男性のあり方には多くの可能性があると思っています。そこには〝男性が何者であるか〟について多くの選択肢があるからです。

もしあなたが男性で専業主夫として家で子育てをしていたとしても、フィンランドの人々はそれを変わったことだとは考えません。これからは女性のほうが高額な給与を取得するケースがもっともっと増えるでしょうし、それに従って多くの男性が育児を担当することにもなるでしょう。たとえば僕が勤めるフィンランド大使館には多くの女性外交官がおり、彼女たちのパートナーは日本に同行し、専業主夫として家事や子育てをしています。僕はそれをとてもいいことだと思います。だって互いがより良い人生を送るために、女性の職業生活と男性の家庭生活という、いままでには見られなかった新たなカップルのあり方を選んでいるのですから！

いままでご説明してきたようなさまざまな歴史的背景、国家政策、文化および社会的な変革により、今日のフィンランド人男性にイクメンになるための障害はほとんど見受けられません。その結果、フィンランドにはすでに多くのイクメンが存在し、これからもその数を増やし続けるのです。

サーモンと根菜の旨みが溶け出した、しみじみやさしい味。

Lohikeitto

〈ロヒケイット〉

サーモン スープ

材料(4人分)

サーモンの切り身(皮は取り除く)	500g
ニンジン	2本
ジャガイモ	6個
玉ネギ	2個
ローリエ	2枚
オールスパイスベリー	10粒
水またはフィッシュストック	800mℓ
塩・こしょう	適量
ディル(フレッシュまたはドライ)	適量
生クリーム	200mℓ

作り方

1.ニンジンは皮をむき、1cm幅の輪切りにする。
2.ジャガイモは皮をむき、ひと口大に切る。
3.玉ネギは皮をむき、くし形に切る。
4.サーモンは角切りにする。
5.大きな鍋に水またはフィッシュストックを入れて火にかける。
6.⑤に①、②、③と調味料、スパイスのすべてを加え、野菜に火が通るまで15分程度煮込む。
7.⑥にサーモンを加え、火が通るまで数分間煮こみ、生クリームを加えてさらに煮込む。
8.⑦の味を塩・こしょうでととのえ、刻んだディルを散らす。

〈ARABIA〉

Paratiisi Series

パラティッシ シリーズ

アラビアの美術・芸術部門で50年もの創作活動に励んだデザイナー、ビルイエル・カイピアイネンによるデザイン。「陶器の王子」「装飾の王」などと称された彼ならではの緻密で計算しつくされた美しさが魅力です。「パラティッシ」とはフィンランド語で「楽園」を意味。そこに咲き誇っているであろうパンジーやたわわに実るカシス、ブドウなどの果実が描かれています。

フィンランドでは寒い冬を中心によくスープを口にします。なかでもサーモンスープは伝統的な料理のひとつ。一般家庭でも一流レストランでも供されます。「パラティッシシリーズ ブラック スープボウル（直径17cm）」¥7,350 ㊐スキャンデックス ☎03・3543・3453 www.scandex.co.jp

フィンランドがくれた宝物1

身体にうれしい成分が凝縮された、森で出会う野生種のブルーベリー。

森と湖の国で育った僕たちフィンランド人にとって、夏は特に森を身近に感じる季節。長期休暇の間、数週間を過ごす夏小屋は森の中にあることが多いですし、子どもたちにとっては森に自生するベリー摘みができることが何よりの楽しみなんです。

森を彩るベリーにはコケモモにキイチゴ、ホロムイイチゴ、リンゴンベリー、そしてビルベリーなどがあります。世界中に150種類以上あると言われるブルーベリーの中でも、フィンランドをはじめとする北欧の森に実る野生種のビルベリーには目の健康にうれしい天然色素のアントシアニンが多く含まれていることで有名。日本でも多くのサプリメントなどの原料として使用されています。

フィンランドでは所有者の許可なしで、森の中を自由に歩くことができる「自然享受権」という権利が保証されています。その中では自然の恵みとしてベリーやキノコを摘むことも許されているので、皆さんが旅行でフィンランドを訪れた際にも、国立公園の中やヘルシンキ郊外の森などで自由にベリーを摘むことができるんです！ フィンランド人はバケツいっぱいにベリーを摘んで家に持ち帰り、そのまま食べるだけではなく自家製のジュースやジャム、パイなどを作って長い期間楽しみます。

旅行中、森に行く時間がなかったとしてもご心配なく！ 旬の時期ならヘルシンキのマーケット広場等でも新鮮なベリーが買えますよ。

左：国立公園のハイキングコースに自生していたビルベリー。7～8mm程の小粒で青紫色をした実です。日本で口にするブルーベリーより甘酸っぱく濃い味。 右：ククサいっぱいにベリーを摘み、森の恵みを享受。朝露を含んだビルベリーは宝石のような美しさ！ この森にはリンゴンベリーも自生していました。

第2章

僕のイクメン・ヒストリー

1 誕生〜独身時代

1 生まれながらにして学ぶ、〝男女平等〟の精神

いま僕がイクメンとして日々の生活を送っていること――。その背景に両親の存在や子ども時代、青年時代の記憶があることはまぎれもない事実です。そこで少し個人的な話にはなりますが、僕がイクメンMIKKO（ミッコ）になるまでの軌跡をお話しします。

1977年4月19日。僕はムーミンで知られるフィンランド第3の都市タンペレの隣町、カンガスアラに生まれました。人口は現在でも約3万人、首都ヘルシンキから北へ約200㎞の距離にある小さな小さな町です。家族は両親と3歳年上の兄ニコ、1歳年下の妹スヴィ、そして僕の5人。僕たち3兄妹は男の子だから、女の子だからといって大きな違いはなく、みな同じように育てられました。「平等であること」は北欧の福祉社会を形成する上で重

要なキーワード。我が家でも誰もが年齢や性別に関係なく平等に扱われていました。

突然ですがここで問題です！ 寝室が3部屋のアパートメントに暮らすことになったコイヴマー一家。両親が大きな寝室を1つ使うことに決めましたが、3兄妹は残りの2つをシェアしなければなりません。さて、子どもたちは2部屋をどのように使ったのでしょうか——。

もしかしたら、弟や妹よりも3〜4歳も年の離れた一番上の兄が1部屋を占領したと思われるかもしれませんね。でも答えはノーです。または唯一の女の子である妹が1部屋を

"ハウスカ トゥトゥストゥア"
はじめまして！
"Hauska tutustua!"

出産予定日を10日ほど過ぎて誕生した僕の新生児期。そのためか肉づきがよく、かなりぽっちゃりした赤ちゃんだったと聞いています。

与えられたのか？と問われれば、その答えもノーです。我が家では1年ごとに兄妹のうちの誰かが1部屋を独占し、残り1部屋をそれ以外のふたりで共用。翌年は違うだれかが1部屋をあてがわれるといったローテーションを組むことにしたのです。これは母のアイデアでしたが、その公平さにはいまでも感心させられます。

　3歳になると両親が離婚。父は一人タンペレに残り、母は3兄妹を連れてヘルシンキに移り住むことに決めました。幼い子どもたち

母方の祖母と兄、妹、僕の3人で市場へ買い物へ。おそらく祖母が住んでいた街の市場ですが、もう詳しくは思い出せません！　懐かしいなぁ……。

“モイモイ”
バイバイ！

“Moi moi!”

は月に1度、遥か彼方２００km離れた地に住む父の元を訪れましたが、普段は母子４人の生活。僕たちのパーソナリティに多大な影響を与えたのは、まちがいなく母その人です。幼い頃から、掃除機をかける、買ってきた食材や雑貨を家に運び入れる、自分たちの部屋を掃除する、といった家事を手伝うよう躾けられました。みな母を助けることは当然の義務だと感じていたので、反抗はしませんでした。

５歳になる頃、義父が家族の一員となりました。３兄妹は実父とも義父ともとても親しく、良好な関係を築いていました。どちらの父親も積極的に家事を行っていました。母とともに料理や掃除をこなし、子どもの目にも両親が平等に責任を分かち合っているように見えました。

“Hei!”
“ヘイ”
やあ！

2 遊びこそすべて、のフィンランドの保育園

フィンランドでは早ければ生後9ヶ月から保育園での生活が始まります。僕は4歳の時に近所にあるマヤッカ保育園に入園しました。そこで出会った仲のよい友人たちとは、30年以上の時を経たいまでも親交が続いています。

フィンランドの保育園はさまざまな点で優れているなぁと感じます。まず保育料がとても安いこと。それゆえ様々な家庭、またはバックグラウンドを持った子どもたちが集い、個性溢れる友人たちと出会うチャンスが広がります。さらには先生たちが大学での高等教育を受けたプロフェッショナル陣であること、保育園のネットワークが国内のすみずみまで行き渡っていることにも注目すべきでしょう。両親が希望する保育園が定員オーバーとなっていたとしても、ほとんどのケースで自宅近くのよい保育園を見つけることができます。

そして最大の特徴は〝遊びがすべて〟、であること。フィンランドの保育園における教育

は、遊びと集団生活のなかで社会性をつちかうことにあるように思えます。その意味で、フィンランドの保育園は日本でいう幼稚園よりも、むしろ保育園に近いものだと思います。文字や数字を覚えたり……といった勉強の要素は一切ありません。僕はそういうプレッシャーの少ない環境で行われるゆとりある幼児教育を支持します。遊び、生活そのものを楽しむことこそ社会性を身につけるための最良の道。小学校に入る年になれば、以降の生活には、勉強のための時間は山ほどあるのですから。僕も保育園では大いに遊びました。その頃の楽しい記憶は、いまでも鮮明に思い出されます。

もうひとつフィンランドの保育園のよいところは外遊びが多い点です。天候にかかわらず、園ではほとんどの時間を外で過ごします。サッカーや砂遊びなどの園庭での遊びに加え、近くの公園や森まで散歩に出かけることもあります。フィンランドは日本より寒い国ですが、防寒に対する備えが万全。もちろん気温が氷点下になっても屋外で遊びます。分厚い手袋に防水効果もあるつなぎスタイルの防寒服、帽子にブーツも必須です。身支度さえととのえれば、寒さや強風、雨だってへっちゃら。どんな天気にだって備えることはできるんです。それはフィンランドに台風がないから？——確かにそれは言えていますね。

3 スポーツに明け暮れた、小・中・高の日々

緑豊かで安全・清潔。探検ごっこをするにもじゅうぶんな広さがあり、子育てに最適な南ヘルシンキ。僕はそこでごくありふれた、でもしあわせな少年時代を過ごしました。日本でいう小学校、中学校（フィンランドでは小中を合わせて総合学校と呼びます。詳しくは第4章でご紹介します）、高校の9年間は趣味、主にチームスポーツに熱中しました。

なかでもサッカーには力を入れ、ヘルシンキ・サッカー・クラブ（7歳〜12歳）、ヌンメラ・サッカー・クラブ（15歳〜18歳）という2つのクラブに所属。チームメートとともに汗を流す日々でした。母は忙しい仕事の傍らチームのマネージャーを務め、トーナメントの試合のため、チームのメンバーとともに国内のあちこちを旅して歩きました。時には僕の興味が変わってボクシングやドラムに挑んだときにも、進んで手を貸してくれた両親には心から感謝しています。

"ツェンピア!"
がんばって!

"Tsemppiä!"

現在でも趣味のサッカーに明け暮れた日々のスナップたち。応援してくれた母に感謝です。

フィンランドでは、3歳から18歳までの子どもの約92%が何らかのスポーツにいそしんでいます。ポピュラーなのはサッカー、自転車競技、水泳、ジョギング、クロスカントリー（スキー）、フロアボール（主に北欧で盛んに行われている団体球技）など。そして子どもから青年までの約43%が何らかのスポーツのチームに所属しています。文化的な趣味（習い事を含む）では、写真が一番人気。デジタルカメラでの撮影技術や写真の加工技術を学ぶ講座もたくさんあります。それに続くのがピアノやギターをはじめとした楽器。また、フィンランド人の多くは大変な読書家でもあるんですよ！　我が子にその時がきたら、僕も彼らが望む趣味や習い事を応援していきたいと思います。

一方で、近頃フィンランドの子どもたちは、あまりにも多くの趣味や習い事を持ちすぎる傾向にあることを危惧しています。理由のひとつは、両親が忙しくて子どもたちに構う時間がないこと。もうひとつの理由は両親がスポーツ、音楽などすべての分野で秀でるようにと子どもに過度の期待をかけすぎることにあると思います。僕はそれがいいことだとは思いません。特に小さな子どもにとっては、日常生活と両親と過ごす時間とが一番大切。幼い子どもの生活はシンプルであるべきだと思うし、親はできる限り子どもと時間を分かち合うべきだと考えています。

4　独立し、他者との暮らしを学んだ大学時代

高校を卒業した僕は、すぐに1年間の兵役義務（フィンランドではすべての男性に1年間の兵役が義務づけられています。女性は希望者のみです）につきました。厳しくも単調な軍での任務を終えると、化学を学ぶために20歳で晴れてヘルシンキ大学に入学することとなりました。それと同時に住みなれた南ヘルシンキの親元を離れ、当時つき合っていた彼女との同居生活を開始したのです。

フィンランドの若者の多くは20歳になると、たとえ実家近くの大学や職場に通うにしても独立の道を選ぶのが一般的です。政府の手厚い教育手当や学生専用住宅制度のおかげで、両親から一切の経済的援助が望めない学生でも、それが可能なのです。

その若さで独立し、自ら家計を管理することや家事をこなすことを学ぶのは、とてもいいことではないでしょうか。数年間の一人暮らしまたは友人や恋人との共同生活は、やがて

〝家族を持つこと〟に対するよい準備期間になるからです。結婚や妊娠（または出産）を機にはじめて実家を出たとなれば、それ以降待ち受ける急激なライフスタイルの変化にきっと大きなショックを受けるに違いありません。僕自身は実家から独立してから結婚するまでの約10年間で、多くのことを学んだと思います。

フィンランドでは、結婚前に男女が同居生活を送ることは大して問題になりません（後にご説明しますが、これには宗教的な背景があります）。結婚を考えていない場合でもそれは同じ。大学入学を機に彼女と暮らしはじめたときには、正直なところ結婚するかどうかは分かりませんでした。しかし当時の暮らしのなかで、誰かと生活をともにするための〝スキル〟を身につけたことは確かです。結局その恋人とは結婚には至らず、僕が未来の妻に出会うのはもう少し先のことになります。

娘が描いたのはタコ……じゃなくて、パパ（僕）だそうです。彼女はお絵描きも、両親が絵を描くのを見るのも大好きで、よくせがまれています。

2 結婚〜出産

1 突然訪れた、結婚という名の人生の転機

社会人になった僕は常に心のどこかで、いつかは結婚し子どもを持ちたいと考えていました。特に子どもが欲しいということに関していえば、それは１００％確実な思い。だからといって子づくりや結婚を急いでいたわけではありません。

独身生活を謳歌していた僕が、友人を介して後に妻となるエリサに出会ったのは28歳の初夏。出会いの直後、僕にはピンとくるものがありました。理屈ぬきに、結婚に対する準備が整った、そう感じたのです。その年の10月には彼女にプロポーズ。翌２００８年４月のよく晴れた土曜日に、ヘルシンキ市内のウスペンスキー寺院で結婚式を挙げました。式はとても美しく、和やかなムードに包まれていました。結婚の儀式の際にはその場にいた家族や友

"メンナーン ナイミシーン"
僕と結婚して！

婚約前のエリサと僕です。共通の友人の結婚パーティに出席したときに撮影してもらった1枚なので、ふたりともかなりお洒落をしています。

人たちすべてと僕たちとが、一体となった気がしました。

僕にとって結婚＝公約。その公約とはすべてをふたりで分かちあうという約束です。しあわせな日も悲しい日も、価値観も収入も――。我が家のわかちあいの例をひとつ挙げてみましょう。エリサは僕よりも社会に出たのが早かったため、いくらかの蓄えがありました。そこで結婚後に残っていた僕の学生ローンのすべてを、彼女の貯金から支払うことにしました。日本の皆さんは、この事実をどう受け止められるのでしょうか?

フィンランドにおける結婚とは、男女の役割という点においてとてもリベラルだと思います。昔じみた男女の定義に縛られることなく、カップルは自分たちだけの役割分担を決めて生活していきます。性別ではなく個人の興味や能力で役割を担い、結婚生活に生かすことは、とてもいいことだと思います。我が家の話を例に出すと、エリサのほうが運転がうまく、運転はいつも彼女の担当です。新しい家具を買ってきていざ組み立て!となった時にも、真っ先にスクリュードライバーを持ち出すのは妻のほう。一方で、僕は家事をこなすのが得意で、洗濯はたいてい僕の仕事。家の掃除にはふたりで取りかかるものの、ここだけの話、僕のほうがずっと掃除上手です(笑)。残りの料理や買い物に関しては、ほぼ平等にこなしています。

個人的な話ばかり披露してきましたが、フィンランドの結婚事情についても触れておきたいと思います。現在、フィンランドの初婚年齢の平均は2010年のデータで男性が32.6歳、女性が30.3歳です。日本同様にフィンランドも結婚年齢が上がっており、40年前のデータと比較してみると男性が8年、女性は7年遅くなったことがわかります。そこにはいくつかの理由が存在しますが、ひとつ目はより多くの人が大学やそれに代わる高等教育を受けるようになったこと。ふたつ目は、人々が経済的安定を維持するため、結婚や子どもを持つ前にある程度のキャリアを積もうと考えるようになったことです。また僕が考えるに、今日の個々のライフスタイルに重きを置く風潮が、結婚や子どもを持つといった大きな決断を先のばしにしているのだと思います。

我が国では、多くのカップルが第1子誕生の時点で未婚のままです。その後結婚する人たちもいますが、まったく考えない人々もいるでしょう。フィンランドの主たる宗教であるルーテル派の考えでは、厳格なカトリックのそれとは異なり、婚外子や離婚は問題視されません。さらに言えば、結婚や子どもを持つことさえも個人の自由とみなされるようになったのです。フィンランド人の多くが、誰かを愛するときに指輪や紙切れは必要ないと考えています。

同棲もまた、ひとつの愛の形なのは確かです。しかしその同棲というかたちが、問題となることも……。ひとつ目は、パートナーが亡くなったときの相続権が、婚姻関係にある場合より悪条件となる点。ふたつ目は子どもがいる場合でも、結婚している夫婦よりも簡単にパートナーとの関係に終止符を打ってしまいがちになる点です。

とは言うものの、時代の流れによって離婚の障壁が極端に低いものとなったいま、フィンランドでは多くの離婚も見受けられます。結婚したカップルのほぼ半数が、不幸にも離婚という結末を迎えてしまうのです。離婚の結果、子育ては複雑な状況におかれます。フィンランドでは大抵両親ともに親権をもちたがります。しかし交渉がうまくいかない場合、どちらかの親の権利がひどく制限されるという悲しい物語もあります。いずれかの親が親権を手にする場合では、ほとんどのケースで母親のものとなります。父親はとても不当な立場に置かれることとなり、それについての議論はいまも続いています。

しかし離婚がよい結果をもたらすこともちろんあります。僕の両親は僕が3歳のとき、妻の両親は彼女が14歳のときに離婚していますが、4人が4人とも再婚を果たし、正直なところ以前より格段にしあわせな道を歩んでいます。また、若い夫婦の立場からいわせてもらえば、子どもたちにとって合計8人の祖父母がいることになるのだから、それはもう、素晴らしいこと！　どれだけ子育てを助けてもらえることか、きっと皆さんにも想像がつくことでしょう。

2 発表します！ 僕たちは妊娠しました!?

２００８年1月の朝、エリサは初めての妊娠に気がつきました。僕はその時、自分がしあわせと同時に戸惑いを感じたことをよく覚えています。僕たちはその前年に出会い、10月に結婚の約束を交わし、子どもを作ろうと決めたのはごくごく最近のことだったからです。結婚式は3ヶ月先の4月に予定されていました。想像していた以上に早く、赤ちゃんを授かったのです。

面白いことに、僕たちフィンランド人は妊娠が発覚すると「僕たちは妊娠しました」とか「僕たちは赤ちゃんを身ごもっています」などといいます。妊娠というものは男女または家族間の重要な出来事であって、母親だけのものではないからです。これはとてもいい考え方だと思いませんか?

父親になるということについて、僕は子どもが生まれる前から考えすぎないようにしていました。生まれてきた赤ちゃんが、父親とは何であるかを教えてくれるだろうと思ったからです。いまでもそれはいい哲学だと思っています。

一方で、赤ちゃんのことをまったく考えなかったわけではありません。妊娠期間の10ヶ月の間に徐々にではありますが、父親になるという実感が湧いてきました。パートナーのおなかが大きくなり、彼女がさまざまな痛みにみまわれるようになれば、もうその事実からは逃げられないのです。

また赤ちゃんとの生活は恐ろしく自由時間がなくなるものだということを、子どもを授

"Moi!"

"モイ"
どうも！

第1子を妊娠中のエリサ。子どもたちのいとこにあたる姪っ子と甥っ子とともに。何をお話ししているのかな？

かる前やこの頃に知っておくべきかもしれません。パートナーが出産した後の自由時間の減少は多くの男性に共通する驚きであり、数多くの離婚や別離をもたらす〝産後危機〟の理由だと思うからです。もしかして日本の皆さんは、このことを大げさに思われるかもしれません。しかし17時で仕事が終わり、それまで多くの自由時間を手にしていたフィンランド人にとっては、とても大きな問題になりうるのです。この衝撃の大きさについては、恐らく日本人男性よりもフィンランド人男性のほうが勝るのではないでしょうか。

父親向けの子育て本がどんどん出版されているし、それは歓迎すべきことだと思いますが、個人的にはそういった類いの本はほとんど読みませんでした。なぜなら子育ては科学ではないから。もちろんよいアドバイスは必要ですが、ことを複雑にしすぎることはないのです。フィンランドでは両親向けの小冊子が配られますが、これはとてもよくできていて、便利かつ初めて子を持つことになる父親の僕を大いに勇気づけるものでした。

僕が父親になる人すべてが知っておくといいと思うことのひとつは、「最初はひたすらにタフであれ！」ということ。赤ちゃんが生まれたら寝不足になり、自由時間が減り、自分自身を失うような気持ちにさえなるかもしれません。でも、すべてのことはよい方向に変化していきます。赤ちゃんが生まれてすぐのほんのひとときだけは、赤ちゃんとお母さんのケアに集中すべきなのです。

3 スピーカーから流れる、小さな胎児心音

パートナーの妊娠中、彼女の身やおなかの赤ちゃんに何がおきているかを理解することは、男性にとってとても難しいことだと思います。だって男性は、女性のように身体的な変化がおきるわけではないですから(笑)。でももしかしたら妊婦検診につきそうことで、少しは妊娠が身近に感じられるようになるかもしれません。

フィンランドには「ネウヴォラ」と呼ばれる妊婦と幼児のための保健所があります。くわしくは第4章でご紹介しますが、妊娠が確定すると妊婦は検診のためネウヴォラを訪れます。一般的には妊娠初期から6ヶ月までは1ヶ月に1度、6〜8ヶ月までは1ヶ月に2度、最後の2ヶ月は1週間に1度通うことになります。

僕はつねにネウヴォラでの検診に同行しました。そこで働くスタッフとは、患者(とその夫)と医師や看護師という立場を超越した、とても温かで親密な関係を築くことができまし

た。妊娠や育児に関するアドバイスは、両親や友人・同僚からのものよりも、ネウヴォラの看護師たちから受けたものを優先して取り入れた気がします。

ネウヴォラでのアドバイスは、妊娠・出産・育児の全般にわたるもの。妊娠に関するものでは、妊娠中に起こる身体的変化とその対処法などについて語られます。エリサは妊娠中の食生活について、食べ過ぎないようにと注意を受けました(フィンランドでは、妊娠中に増やすべき食事の量は、1食につきたった1切れのライ麦パンだといわれています)。他は妊娠中にも適度に運動や趣味を行うこと、出産が近づくと赤ちゃんを迎えるためにどのような育児アイテムを準備すればいいかなどについてもアドバイスを受けました。

出産に関しては、その経過について細かな指導がありました。たとえば分娩中に痛み止めを使うことをためらうべきではない(フィンランドでも、まだまだ出産中の痛みに耐えることが神聖なものであるかのように語る人がいます)ことなどです。

産後についてもまた実践的な話ばかりでした。赤ちゃんが過ごす部屋のあり方、沐浴のお湯の温度についてなどなど。妊娠・出産・育児すべての過程における男性の役割も同時に語られました。妊娠中や産前産後にどれほど男性が必要とされているか、ということも。僕は看護師たちが男性を軽視せず、補助的ながらも極めて重要な役割があると教えてくれたことに、とても感謝しています。

検診には、いつも質問事項を書き連ねた長いリストを持っていったものです。看護師たちはいつも僕（父親）が妊娠をどのように感じ、どのように考えているかについてとても興味を持っているようでした。もっとも印象に強い検診は、初めて赤ちゃんの心音を聞いたときです。スピーカーを通して聞こえてきた鼓動の、小さくも力強いことといったら！ 僕は心底感動したのを覚えています。

4　神秘のベールに包まれた、赤ちゃんたち

子どもを持つこと——フィンランドにおいて、それはいくつかの秘密（神秘）を呼ぶことを意味します。そのひとつ目は赤ちゃんの性別について。フィンランド人の両親の多くは、おなかの中の赤ちゃんの性別を知りたがらず、未だ見ぬ我が子が健康であることだけを祈っています。もちろん、中には「男の子が欲しい」とか「次こそ女の子でありますように」などと密かに希望を抱いている親はいるかもしれませんが、公衆の面前でそれを口にするのは、フィンランド社会では一種のタブーです。

僕たち夫婦のケースでは、エリサも僕も赤ちゃんの性別はまったく気にかけませんでした。ふたりともただただ、赤ちゃんを授かったという事実にワクワクしていたのです。妻は第1子を妊娠中に、何度も「男の子だと思う？　それとも女の子だと思う？」とうれしそうに尋ねてきたものです。僕のカンは何度も変わりました。時には女の子の気がしたし、時には男の子に違いない！　と思うこともあったのです。

しかし、妊娠の経過に従ってエリサの身体にはいくつかのヒントが現れてくるではありませんか！　まず、彼女のおへその下に垂直にのびる線（日本語では正中線）が出てきたこと。医学的にどれだけ証明されているのかは分かりませんが、フィンランドではこの線が現れると高い確率で男の子が生まれてくると言われています。だからこの線のことを僕たちは「ボーイズ・ライン」とか「ポイカ・ヴィーヴァ（フィンランド語で男の子の線の意味）」などと呼びます。

次なるサインは妊娠後期に入った妻のおなかのかたちでした。彼女のおなかはどんどん前にせり出すように大きくなり、これも男の子のサインだと聞かされました。しかし僕たちは検診に行くたびに赤ちゃんの性別を知らせないよう医師に頼み、とうとう誕生の瞬間まで性別を知ることはありませんでした。

もしも妊婦検診などの結果、性別が判明したとしても、フィンランド人カップルはそれを口外しません。だから大抵の場合、赤ちゃんの祖父母ですらも生まれてくるまで性別を知ることはありません。赤ちゃんが生まれても、父親はごく身近な家族に電話をするくらい。友人知人が赤ちゃんの誕生や性別を知るのはFacebookやSNS（ソーシャル・ネットワーキング・サービス）を通してがいまの主流です。

赤ちゃんに関する秘密はこれで終わりではありません。ふたつ目は名前。フィンランド人は赤ちゃんの名前すらも、神秘のベールで包みたがるのです。一般的には赤ちゃんが生後2ヶ月になると教会で洗礼式が行われますが、名前はそのときまで秘密にしておきます（もちろん、教会の信者でない人々は、生まれてすぐに赤ちゃんの名前を人口登録センターに届け出ます）。2〜3ヶ月も赤ちゃんに名前がないなんて、皆さんは想像がつきますか？　ちょっと可笑しくなりますよね。しかしフィンランド人は徹底して秘密を守り抜くのです。産後、家族や友人が赤ちゃんの顔を見に家を訪ねてきた際も、子どものことを「赤ちゃん」と呼ぶか、赤ちゃんがまだおなかにいたときにつけたあだ名で呼ぶようにするのです。

洗礼式に出席した家族や両親の友人たちは、赤ちゃんの額に水をつける儀式の際に牧師が口にする名前に注意深く耳を傾けます。赤ちゃんの両親にとっては、とても感動的な瞬間です。僕もふたりの我が子の儀式の際、呼ばれた名前に対する出席者の反応がいまでも忘れられません。みな、驚きの中にも満足気な表情を浮かべました。それは、僕たち夫婦がつけた名前が彼らの想像を超えたものであり、かつ気に入られるものであったことを意味していました。

通常、家族の間では洗礼式までの2ヶ月間に赤ちゃんの名前に関する様々な憶測が飛び交います。僕の姪は2012年11月に男の子を出産。今年1月中旬に洗礼式が行われました。僕にはその小さく新しい家族の名前の想像がつきませんでしたし、もちろん牧師がそれを口にするまで真実を知ることもありませんでした。

妻がフィンランド人には数少ないフィンランド正教会に属する家庭に育ったため、我が家の子どもたちもその教会で洗礼を受けました。

5 出産パート①：予定日超過12日目の破水

いよいよエリサの出産が近づきました。当時僕たちが住んでいたヘルシンキ市には出産ができる病院が2軒ありました。僕たち夫婦はそのうちのひとつであるカティロ・オピスト産科病院内の、通称「鷺の巣」と呼ばれるセクションでの出産を希望していました。同病院はとても伝統のある病院で、父親が出産に対して積極的な役割を果たすことを奨励する考えや分娩スタイルで知られています。

この病院に限らず、フィンランドでは自然分娩にしろ帝王切開にしろ、すべて父親の出産立ち会いが可能です。そのため、院内には父親や場合によっては生まれてくる赤ちゃんの兄・姉が滞在するためのファミリールームのような施設もあります。お母さんと新生児の世話をするには、最高の環境が整えられているのです。

医師による診察のほか、分娩時の予行演習や講義、施設見学のため出産前に病院には3〜

※出産時の医療処置等に関してはフィンランドと日本では異なる点があります旨、ご了承下さい。

4回ほど足を運びました。そこでは分娩の過程やその中で使用する医療器具や分娩台、水中出産や痛み止めについての知識などさまざまなことを学びました。講義には毎回8組くらいのカップルが同席していました。出産に関するディスカッションでは、驚いたことに過半数の意見や質問が男性から出されました。多くの男性が出産の過程に興味を持ち、お母さんと赤ちゃんをどのようにサポートしたらよいか真剣に考えているという証です。日本の出産について具体的なことは分かりませんが、出産時から父親が積極的に子育てにかかわるというのは、責任感を持たせる意味でもとても重要なことだと思います。

さて、話を我が家の第1子誕生時へと戻しましょう。エリサの主治医は、赤ちゃんの出産予定日を2008年の10月16日と決めました。僕は出産立ち会いと、その後の育児休暇に余裕をもって臨めるよう、仕事を進めていました。しかし出産予定日を1週間過ぎてもなお、まったくその兆候はみられません。そのことに僕たちは（特に妻は）不安を感じはじめていました。さらに5日が過ぎると、不安はいらだちへと変わりました。赤ちゃんはなんで生まれないんだろう？

しかし予定日を12日過ぎた（※）10月末のある火曜日、エリサは突然破水。ひとりで病院に向かいました。妻からの電話を受け、数時間で仕事を切り上げた僕はオフィスを後にし、いったん自宅に戻って出産準備品の入った鞄《かばん》をひっ掴むと、病院へと急ぎました。このときの僕にはまだ、この出産がこれからどれほどの長い時間を要することになるのかなど、知る由もなかったのです。

出産予定日をあまりにもオーバーしていたため、僕たちは「鷺の巣」での出産を許されませんでした。リスクがありすぎるからです。ちょっと残念な気もしましたが、カティロ・オピスト産科病院に入院できただけでもラッキーでした。その頃のヘルシンキ市内および近郊はちょっとしたベビーブームで、病院は出産を控えた妊婦さんであふれかえっていたからです。ともかく、僕たちはおそらく最後の1つか2つだった院内のベッドを確保することに成功しました。

入院してからも、僕たち夫婦にとってはじめての出産はいらいらするほどゆっくりと進みました。エリサは次第に我慢の限界に達しはじめ、僕の仕事はといえば、彼女を落ち着か

※予定日の算定は日本では正確に行われ、超過した場合は入院管理等を行います。

せることだけでした。病院は満床でファミリールームにも空きがなかったため、僕は自宅に帰って眠らざるを得ませんでした。妻のそばに寄り添ってサポートしていたかったし、何より第1子誕生の瞬間を見過ごしたくなかった僕にとって、これは予想だにしない残念な出来事でした。

"Voi kuinka me sinua odottimmekaan!"

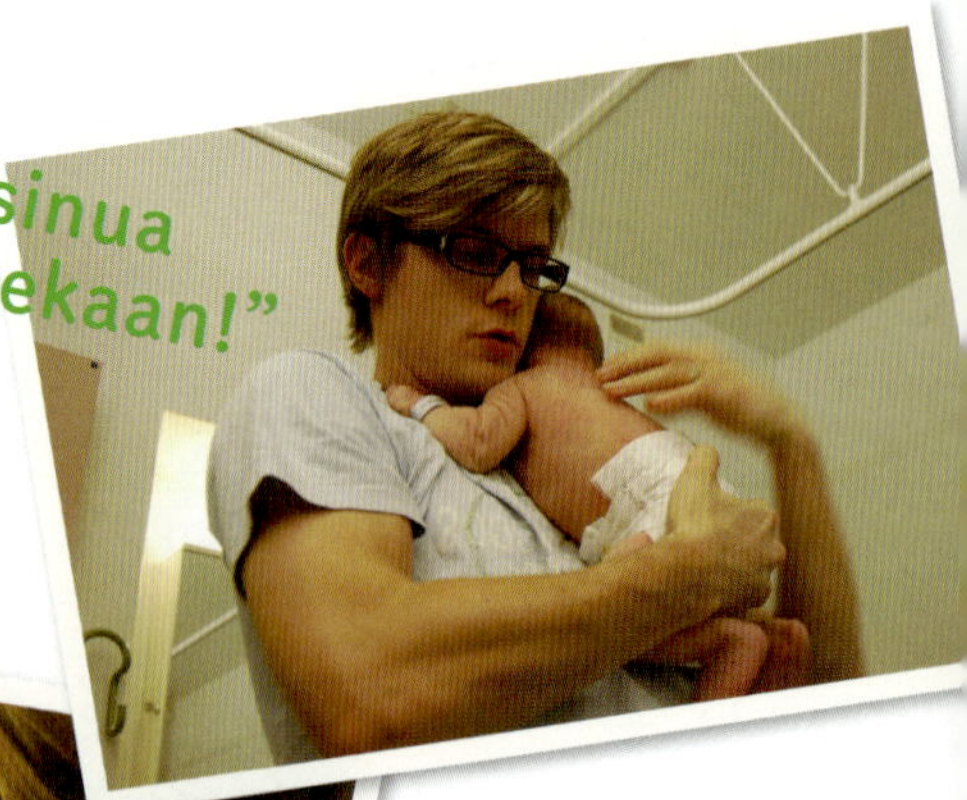

生まれたての息子を抱く僕。新米パパは、まだ赤ちゃんの抱きかたがぎこちないですね。妻は長時間の出産に、本当によく耐えてくれました！

"ヴォイ クインカ メ シヌア オドッティッメカーン"
どんなに君に会いたかったことか！

6 出産パート②：待ちに待った第1子の誕生

翌水曜日の朝、大急ぎで病院に戻ってみた僕は、エリサの様子を見て少し拍子抜けしてしまいました。出産は前夜からまったくといっていいほど進んでおらず、赤ちゃんが生まれる兆候はほとんど見られないままだったからです。

僕は陣痛の痛みに耐えるエリサの食事や洗面を手伝う一方で、入院を知る家族や親しい友人に連絡をとりました。その後もことは進まず、破水から36時間たってもなお赤ちゃん誕生の兆しはあらわれませんでした。その夜は病院への宿泊を許可されました。ただし空きベッドがなかったため、空き部屋の担架の上で夜を明かすことになりました。決して心地よい眠りは期待できませんでしたが、エリサに助けが必要なとき、すぐに手を差し伸べられる距離で眠れることにしあわせを感じていました。

とうとう次の日の朝、ことは起こりはじめました。院内ではほぼ同時に複数の分娩が始まり、医師や看護師は多忙を極めていました。それゆえエリサのサポートの主役は僕の役目。子宮収縮がより激しく頻繁になってきたため、僕は妻に笑気（＝麻酔ガス。痛みや恐怖を和らげるために使用する、亜酸化窒素のこと）を吸入させました。子宮収縮を計測するモニターに従い、収縮がピークに達したときに笑気を与えたときのことはいまでも忘れられません。破水後2晩を過ごしたエリサはすでに疲れきっていました。

陣痛は激しさを増す一方でしたが、赤ちゃん誕生の瞬間はまだ先のようでした。しかし時計の針が進むに従って子宮収縮は頻度を増しており、局所麻酔の薬液を2度注射した後、20時頃ついに医師から「すぐにでも分娩が始まりますよ」と告げられました。しかし、あまりにも多くの緊急出産があり、助産師どころか看護師も医師もエリサの隣にはいません。僕だけが彼女の隣に寄り添っていたのです。覚えているのは、「いきんで、いきんで、いきんで！」と叫び続け、まるで僕が助産師であるかのように孤軍奮闘したこと。ふたりきりで30分程分娩を試みたところで、医師が様子を見に訪れました。

医師はエリサの分娩の様子をチェックすると、「赤ちゃんの回旋異常が起きているので、このまま自然分娩するのは難しいですね」と言いました。医師は帝王切開手術に切り替える決断を下したのです。僕たち夫婦は少しがっかりすると同時に、どこか救われた気持ちにもなりました。なにしろこのときすでにエリサが入院してから60時間もの時が経過していたのです……。

僕は身支度を整えると、手術室への入室を許可されました。すでにそこに横たわっていたエリサには意識があり、僕が手を握って励ますとうれしそうな表情を浮かべました。僕は少し緊張していましたが、妻にそれが伝わらないよう心掛けました。彼女の下半身は薄いカーテン（＝掛布）のようなもので覆われており、手術がどのように進行しているか詳しくは分かりませんでした。しかし僕は女性婦人科医とふたりの女性看護師がてきぱきと作業を進めることに驚いていました。

赤ちゃんを取り出す準備が整うと、ついにその瞬間がやってきました！　待ちに待った、赤ちゃんの誕生です。婦人科医はすぐに「男の子ですよ」と教えてくれました。僕のカンでは「おなかの中の赤ちゃんは、きっと男の子だろう」という思いが強かったため、それほど驚きはしませんでした。それに健康でさえいてくれれば、本当に性別はどちらでもよかったのです。息子誕生の瞬間は最高にしあわせでした。最初の泣き声、そして手足の長い指……いまでも忘れることのできない光景です。「この子はきっとすばらしいピアニストになるに違いない！」僕はなぜか、そんなことに思いをめぐらせていました。

エリサは少しの間胸の上に息子をのせてもらい、新しい小さな家族を抱きしめました。彼女の顔はとてつもないしあわせと安堵に満ちていました。2日半にもおよぶ自然分娩へのチャレンジと帝王切開という結末ゆえ、彼女はとても疲れていたのです。妻がすぐに回復室へと移されたため、僕ははじめて赤ちゃんを抱くことができました。

その後しばらくエリサは術後の回復のために床につくことになりました。そのため僕は誕生の直後から、育児における重要な責任を担うことになりました。最初の数週間、母乳を与えること以外はすべて僕の仕事になりました。このことがどの程度僕を「イクメン道」へと導いたのかわかりませんが、フライングとも呼べるほど早いスタートだったことだけは確かです。

出産直後、僕は助産師に呼ばれて新生児室に向かい、赤ちゃんを産湯につけて身長、体重をはかり、産着を着せました。僕たちは、しばらくの間、まだ息子がおなかにいたころに妊がつけたコイッシ（これはフィンランド語でも、とくに意味のある言葉ではありません）という名で彼を呼ぶことに決めていました。彼は実に大きな赤ちゃんでした。予定日から15日遅れの出産だったこともあり、なんと身長が54㎝、体重は４２６０ｇもありました。出産前々日の医師の計測では体重が約３５００ｇ程度だろうといわれていたため、これには大いに驚きました。

その夜、僕はエリサとコイッシと同じ病室のリクライニングチェアで眠りにつきました。相次ぐ出産で結局病棟のベッドが僕にまわってくることはなく、ついに看護師たちは僕がエリサの横で眠ることを許してくれたのです。新しい小さな家族とともに過ごす幸福な一夜。それは一生忘れることのできない大切な時間でした。

3 育児休暇〜社会復帰

1 育休パート①：母乳以外は、パパの仕事！

息子の誕生後、僕は育児のために合計5週間の休暇をとりました。その内訳は2週間が年次有給休暇、3週間がフィンランドの法律で認められた育児休暇です。有給休暇に関しては、息子が生まれる直前の夏休みに与えられた4週間のうち、2週間分を使わずにとっておいたものです。育児休暇の3週間は子どもが9ヶ月になる前なら何回かに分けてとることも可能ですが、僕はまとめてとることにしました。

こうして5週間を妻と息子の世話のために家で過ごすことになりました。日本の皆さんにはかなり長い休暇のように聞こえることでしょう。しかし直属の上司が子どもをもたない男性であったのにも関わらず、この長期休暇が職場で問題になることはありませんでした。その理由のひとつは、当時の働き方にありました。自分で企画したプロジェクトに従い、自由にタイムスケジュールを組んで仕事に取り組むスタイルだったので、僕の不在で同僚に迷惑をかけることはなかったのです。

"コトナ オッラーン"
ただいま！

息子は写っていませんが（笑）、病院から退院してきた日に撮影した1枚です。この日から、僕の本格的なイクメン生活がスタートしたのです。

もうひとつの理由は、フィンランドの社会全体が育児休暇に対して前向きな姿勢であることです。フィンランド人は家族としての義務を職務上の義務より優先させるのが普通。そのため企業も従業員の育児休暇取得を支持します。実際問題、フィンランドでは育児休暇をとらない父親は価値観がおかしいとさえみなされるのです。だから、国の要職を担う首相でも大臣でも育児休暇をとるのだと思います。

しかし、フィンランドの社会も始めから男性の育児休暇取得に寛容だったわけではありません。1980年代後半には、フィンランドのある有名企業のCEO（最高経営責任者）が「育児休暇をとる男性従業員は、職場に復帰すべきではない（すなわち、

“Minua väsyttää.”
“ミヌア ヴァスッター”
わたし疲れたわ〜。

下の娘の洗礼式での1コマ。長時間の儀式で疲れてしまったのかな？何だか少しおねむなようです。ママに抱かれて、あくびをしているみたい。

解雇されるべき)」と発言しました。フィンランドも20年前は、まったく価値観の異なる社会だったのです。いま国内の企業の経営者がフィンランドでこんな発言をしたとしたら、彼はたちまちその職を失うことになるでしょう。

育児における僕のフライング・スタートは、いま思えばとてもよいものでした。父と子のいい関係を築くにはもってこいの機会だったし、育児のイロハを初期の段階で知ることができたのです。これから父親になる人々には、ぜひ赤ちゃんが生まれた直後から、できるだけ大きな役割を担うことをおすすめします。子どもと親しい関係になれるだけではなく、子育てに関する発言権も増すからです。

また子育てで大きな役割を果たすことは、子どもの欲求や要求を理解することにもつながります。知れば知るほど、親子の絆は深まるものです。それに母親が不在になるときに備えて子どもが何を食べるか、どんなふうに眠りにつくか、出かけるときはどんな荷物が必要か……などを知っておくことはとても重要です。

エリサが帝王切開手術の傷から回復するのには、かなり長いことかかりました。妻は「初めてわたしがコイッシのおむつを替えたのは、産後2週間を過ぎてのことだったわ」と振りかえります。母乳をあげること以外は、オムツの交換以外にも洗濯や沐浴にいたるまで、すべて僕の仕事でした。そのいくつかは息子が4歳、後に生まれた下の娘が2歳となったいまに至っても習慣となっています。

僕は赤ちゃんの世話だけでなく、同時に妻の世話にも奔走しました。彼女は何をするにも術後の激しい痛みにみまわれたため、料理をはじめとした家事もすべてこなす必要があったのです。エリサはいまでも退院当日に昼寝から目覚めたときのことを思い出しては、うれしそうな笑みを浮かべます。僕は彼女を驚かそうと、彼女の大好物であるファヒータ(下味をつけた肉を玉ネギやピーマンなどとともに鉄板で焼く、メキシコ料理)を用意したのです。妻はいまでもその料理を食べる度、1週間を病院食で過ごした後のファヒータがどんなに美味しかったかを口にします。僕は僕で、母乳を通して赤ちゃんに影響がでないよう、チリやニンニクなど刺激的なスパイスや材料を除いて慎重に慎重に料理したことを思い出すのです。

瞬く間に過ぎた5週間は、僕たち家族にとってしあわせそのもの。新生児、新米ママ、新米パパの3者がお互いをよく理解するための有意義な時間でもあり、夫婦にとっては親としてのスキルを磨く時間でもありました。僕たちはほとんどの時間を家の中で過ごし、3人家族としての第一歩を踏み出したのです。

2 育休パート②：発見と学びの連続の育児休暇

エリサの体調が落ち着くと、僕たち夫婦の両親、つまりコイッシにとっての祖父母たちが訪ねてきてくれました。これはフィンランドの慣例のひとつで、そのときには食べ物を持っていくのが決まり。食べ物の種類は何でもかまわないのですが、もっとも典型的なのがカレリアンパイ（レシピをご紹介していますので、ぜひお試し下さい！）です。僕たち夫婦は両親に赤ちゃんを可愛がってもらっている間にコーヒーを準備し、皆でさまざまな話をしながらパイを頬張りました。

フィンランド人の家庭に赤ちゃんが生まれた後には、もうひとつの慣例「ヴァルパヤイセット」もあります。これは新生児の父親が男友達を招いてパーティを催すもので、ルーツはフィンランドが農業国だった時代にあると言われています。しかし、今日のそれはたいていの場合、お酒と葉巻とご馳走（ときにはサウナも）がつきもの。正直なところ、僕はこのパーティを催すことに消極的でした。片時も赤ちゃんのそばを離れたくなかったからです。

そこで僕が考えたのは、住んでいるアパートメントの1階にあるバーに兄と5～6人の仲のよい友人を招待すること。僕たちは2～3時間の間に何度も乾杯を繰り返し、赤ちゃんの話に花を咲かせました。それは友人たちとしあわせを分かち合うとてもよい機会でしたが、僕は家に戻らなければ、と心の中で時計の針ばかりを気にしていました。チクタクチクタク……。

生後9日目の午後、エリサと僕は息子を初めて散歩に連れ出すことにしました。それは11月中旬の、肌寒く小雨のちらつく日のことでした。赤ちゃんを外出させるために、厚着を

"isoisä, isoäiti!"
"イソイサ、イソアイティ"
おじいちゃん、おばあちゃん!

させ、ベビーカーにカバーをかけ、育児グッズをかばんに入れ、自分たちも暖かい上着に身をつつみ……と準備にざっと1時間はかけたでしょうか。しかし僕たちはほんの数分外出した後、寒さを気にしてすぐに家に戻りました。2回目のことは覚えていませんが、身支度に要した時間はきっと半分もかからなかったでしょう。

これまでは息子のことについてお話ししてきました。息子が僕たち夫婦にとっての第1子であったため、すべての初体験は彼とともにあったからです。しかし僕たちにはもうひとり子どもがいます。息子の誕生から約2年後に生まれた娘です。彼女もまた、息子同様僕たちにとってかけがえのない存在です。

15日遅れの出産となった息子とはまったく正反対で、娘は予定日の23日前に生まれました。当時の僕たち家族は特別な状況下にありました。僕の駐日フィンランド大使館への赴任が決まっていたのです。僕は娘の出産のために着任を延期しました。3週間の育児休暇に蓄えておいた有給休暇を加えて、合計8~9週間を新たに誕生した娘と家族とともに過ごしました。

2回目の出産や新生児の世話にはリラックスして臨むことができた一方で、今回はふたりの子どもの面倒をみなければなりません。第1子の誕生時に比べて仕事量ははるかに多いものになりました。家具はすでに船便で日本へ送り、住んでいたアパートメントは賃貸に出してしまっていたため、僕たち家族は日本に向かうまでの間、エリサの両親の家で暮らすことになりました。僕は息子と多くの時間を過ごし、毎日ふたりで公園に出かけました。息子のときも娘のときも、僕が過ごした育児休暇は本当にすばらしい日々でした。毎日が新たな発見と学びの連続だったのです。

3 新生活本番のはじまりは、職場復帰から

ついに職場に戻るときがやってきました。息子のときには、それが本当につらいことに思えて仕方ありませんでした。僕は当時の仕事をとても気に入っていたので、単に仕事に対する意欲が湧かない……ということではありませんでした。僕は家で赤ちゃんと過ごす時間を、心底楽しんでいました。息子の誕生が、物事の優先順位を変えてしまったのです。勤務時間はもちろん仕事に集中しましたが、最初のうちは1日に3回以上も家に電話をかけ、息子の様子をたずねていました。僕があまりにも息子の話ばかりするため、同僚たちは少々辟易していたようです（苦笑）。

職場への復帰は、本当の意味での新生活―赤ちゃんとの生活―のスタートでした。毎日が家、職場、家の単純な繰り返し。9時から17時の勤務時間以外は、家族のための時間以外のなにものでもありません。分かってはいたものの、ライフスタイルの大きな変化にはやはり戸惑いました。まったく自由時間がとれないというのは、ときにはつらいものです。それま

での人生のほとんどをスポーツとともに過ごしてきましたが、いまではその時間がほとんどありません。家族で過ごす時間を本当に大切で愛しいものだと感じていますが、そのことだけが唯一寂しく感じられる時があります。

僕の職場復帰が息子に何らかの影響を及ぼすものだったとは思えません。では僕自身はどうか？　間違いなく、僕のほうが息子と離れて過ごす時間を寂しいと感じているでしょうね(笑)。職場復帰して間もなく4日間の国内出張がありました。僕はその仕事を終えて帰宅したとき、息子がとてもうれしそうな顔をして、興奮した様子だったことをいまでも鮮明に思い出します。もちろん僕も同じ気持ちでした。この子は僕のことを覚えていてくれたんだ！

フィンランドではいま、妊娠と赤ちゃんの誕生が父親に及ぼす影響について議論がなされています。また、赤ちゃんの存在そのものが男性に影響を及ぼすことも最近の研究で分かってきました。男性の中には、パートナーの妊娠中に体重が増える人がいるそうです。僕にはその理由が分かりませんが、食生活や運動量の変化、その他のことが関係しているのでしょうか。また、男性が産後鬱になる可能性も指摘されています。特に、第1子の誕生時は自由時間の減少など、これまでの生活に大きな変化をもたらすもの。それに対して憂鬱な気持ちになるのは、当たり前の反応ではないでしょうか。

個人的にはそういった影響は感じられませんでしたが、今日のフィンランド人男性がそのような感情を持つようになったことはかえって健康的なことだと思います。フィンランドには、「ダディー・グループ」と呼ばれる、新生児やこれからパートナーが出産を迎える父親のための議論の場もあります。これらは純粋に父親だけの集まりで、子どもをもつことに対する自分の気持ちや期待、赤ちゃんが生まれる前後の不安などを自由に語り合うことができます。パートナーに遠慮することなく、男同士で意見を交換できる場があることはとてもいいことですよね。

4　エリサの職場復帰と、2ヶ月間の「父親休暇」

息子が13ヶ月になると妻は職場に復帰することになり、僕は彼の面倒を見るために2ヶ月間の休暇を申請しました。そのうちの1週間は冬期休暇、3週間は次の夏期休暇の前倒し（つまり、次の夏休みはとても短いものになるということです）、残りの4週間は第1章で触れた、父親休暇の出番です。

息子は10ヶ月で歩きはじめていたため、この頃にはかなり早く歩けるようになっていました。彼は1日中、ボールをスティックで叩くゲームに熱中したり、どこかによじ登ったりしたがりました。僕はそんな彼の後をついて回り、けがをしないように常に注意していなければなりませんでした。

父親休暇の2ヶ月間はとてもすばらしい時間でしたが、多くのことを教えてくれるものでもありました。フルタイムの子育てがいかに厳しいものであるかを思い知らされたのです。代わりがいない分、職場でのどんな仕事よりも大変。妻が職場から帰宅する頃には、毎日ヘトヘトになっていました。僕は最初の1年間の妻のがんばりと、自分の両親をはじめとするすべての親御さんたちに大きな拍手を贈りたいと思いました。

僕が現職につくことになったため、下の娘が生まれたときには生後2ヶ月ですぐ日本に渡ってきました。外国へ移住したため、妻の復職は叶わず、僕が娘のために父親休暇をとることもありませんでした。僕に2度目の父親休暇が訪れることは、果たしてあるのでしょうか——。

"カウニータ ウニア"
よくねんねして!

父親休暇はとりませんでしたが、昨冬フィンランドに一時帰国した際、何日か娘とふたりきりで過ごしました。息子との大きな違いにびっくり。

"Kauniita unia!"

5 番外編：息子と娘の名付け親

親になることの楽しみ（ときには苦しみ!?）のひとつに、命名の作業があります。少し話は前後しますが、子どもたちの命名について少しだけお話ししようと思います。

命名には様々な側面があります。その名前は、彼または彼女のパーソナリティに合っているか？　その名前のせいで学校でいじめられるようなことはないか？　子ども自身はその名前を気に入るか？　などなど。僕たち夫婦は妊娠がわかってから、新しい家族の名前を考えるのに何ヶ月もの時間を費やしました。それはフィンランド人にとっては珍しくないことですが、きっと他の国々でも同じではないでしょうか。

フィンランドでは、1〜3つのファースト・ネームをつけます。ファースト・ネームやミドル・ネームの定義については各国で異なると思いますが、フィンランドでは名字の前につけるすべての名前をファースト・ネームと呼ぶのです。もっとも一般的なのは2つのファースト・ネームを持つこと。ポピュラーな順に言うと次が3つ、その次が1つとなります。

我が家の息子と娘の名は僕がつけました。どうしてそうなったのかはいまだに謎（笑）ですが、結果的にそうなりました。どこの国でも女性の方がより命名に積極的なのではないかと思いますが、エリサはフィンランド語の修士課程を終えていることもあり、命名にとても積極的でした。僕たちは気に入った名前のリストを作り、何度も新たな名前を書き加えたり消したりを繰り返しました。しかし最終的に決まった名前は、僕が出したアイデアの名前だったのです。

息子にはフィンランドでよく知られる名前をつけました。彼の名はとても伝統的ではあるものの、それほどポピュラーではありません。皆がいい名前だというわりに、何らかの理由でその名を持つ人物はあまり存在しません。それはとてもいいことなんです！　僕はミッコという自分の名前を気に入っていますが、１９７０年代の終わりに息子を持った両親の多くもそう感じていたようです。その結果、僕が所属していたサッカーチームには、当時４人のミッコというチームメイトが存在する事態となりました。

娘には彼女の兄とは異なり、聖書からとった名前をつけました。フィンランドの名前の多くは、他のキリスト教国と同様に聖書からの引用です。しかしだからといって、そこに宗教的な意味を込める人はいまではほとんどいません。僕もまた同様で、単にその名が美しいなと思ったのです。

フィンランドの人口登録センターでは、その名前の人物がどれくらい存在するのかをチェックできるサービスを行っています。このサービスは多くのフィンランド人が、子どもの名前を考える時に利用するもののひとつです。それによると記録が始まって以来、２０１２年末までのフィンランドに存在する（またはした）ミッコは2万１０００人、妻のエリサの名なら5万６０００人です。

また、２０１１年度における人気の名前ランキングは次ページのようになります。（すべてのファースト・ネームを含めると結果は異なるため、これは一番最初の名でカウントした結果です）。

多くの名前はフィンランドの公式なカレンダーの中に存在します。つまり、1年に1度、「名前の日」と呼ばれる自分のファースト・ネームでお祝いをする日が存在するのです。もちろん一般的な名前は365以上あるので、1日につき、いくつかの名前が割り当てられています。子どもの頃は、「名前の日」パーティというのが誕生日パーティ同様に行われます。友達を家に招いてプレゼントをもらい、かわりにケーキやご馳走などをふるまうのです。

この特定の名前を祝う日は、ルーテル派のカレンダーとフィンランド正教のそれとでは日が異なります。クリスマス・イヴが自分の「名前の日」に割り当てられていたりすると、誕生日のお祝いは聖夜のお祝いの一部にしかならない……なんてかわいそうな事態が起きることもあるのです。しかし我が家の息子と娘についてはその心配には及びませんので、皆様どうかご安心下さい！

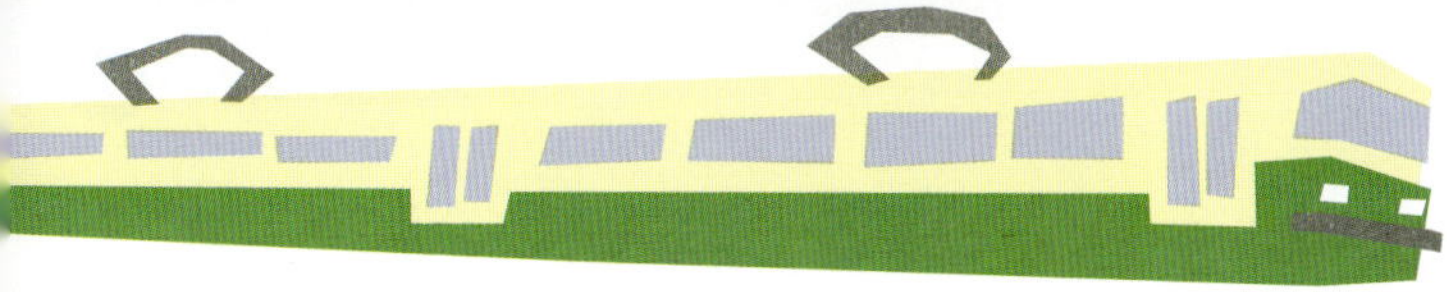

人気の名前ランキング ベスト5

男の子

1.Elias（エリアス）

2.Onni（オンニ）

3.Eetu（エートゥ）

4.Leo（レオ）

5.Aleksi（アレクシ）

女の子

1.Sofia（ソフィア）

2.Venla（ヴェンラ）

3.Aada（アーダ）

4.Emma（エンマ）

5.Aino（アイノ）

こちらが2011年度における人気の名前ランキング、ベスト5です。フィンランドの名前には日本人にも親しみやすいものもあれば、耳慣れないものもあるのではないでしょうか。皆さんは、お子さんの名前にどんな思いを込めましたか？

おかゆみたいな米ペーストが、ライ麦生地とよく合う！

Karjalanpiirakka

〈カルヤランピーラッカ〉

カレリアン パイ

材料（20個分）

[米のペースト]	
米	400ml
牛乳	2ℓ
水	500ml
塩	小さじ1
バター	大さじ2

[パイ生地]	
ライ麦粉	400ml
小麦粉	100ml
水	200ml
塩	小さじ1

[卵バター]	
かた茹で卵（8分以上茹で、殻をむく）	8個分
バター（やわらかくなるよう室温に戻す）	150g
塩	小さじ1／2

作り方

1.米のペーストを作る。底の厚い鍋に湯を沸かして米を加えて、中火で水気がなくなるまで煮詰める。
2.①の鍋に牛乳を加えて沸騰させたら弱火にし、木べらでかき混ぜながら30〜40分煮る。
3.②の米に火が通り、おかゆ状になったら火を止めて塩とバターで味をととのえる。
4.③をバットなどにあけ、充分に冷ましておく。
5.生地を作る。ボウルにライ麦粉と小麦粉、塩を入れ、上から水を注いでよく生地を練ってひとかたまりにする。
6.作業台に小麦粉（分量外）をはたき、⑤の生地を置いたら、20等分に切って各々丸く成形する。
7.作業台にライ麦粉（分量外）をはたき、のし棒を使って⑥を2〜3mm程度の薄さの楕円形になるようのばす。
8.⑦の生地ができたら、生地の真ん中に④のペーストを塗り広げる。
9.⑧のペーストが外に出ないよう、生地の余白部分を折り返しながら指でつまむ作業を繰り返し、楕円形に成形する。
10.天板にクッキングペーパーを敷き、⑨を並べる。275〜300度に熱したオーブンで10〜15分、黄金色になるまで焼く。
11.オーブンから取り出したら、天板から外し、溶かしバター（分量外）を塗り、濡れぶきんをかけておく。
12.卵バターを作る。茹で卵は粗みじん切りにしてバターと混ぜ、塩で味をととのえたら冷蔵庫で冷やし固める。
13.⑪の上に⑫を好きなだけのせて、召し上がれ！

〈iittala〉

Origo Series

オリゴ シリーズ

アルゼンチン出身の著名プロダクト・デザイナー、アルフレッド・ハベリが手がけたシリーズ。飛行機の機内から見た虹にインスピレーションを受けたという大胆な配色のボーダー柄は、デザイン界に一大センセーションを巻き起こしました。右写真は2013年の新色グリーン。夏を迎えるこれからの季節にぴったりの爽やかな色使いのアイテムを、ぜひコーディネートの主役に。

北欧諸国には似ている料理がたくさんありますが、このパイはまぎれもなくフィンランドの伝統料理。東部のカレリア地方が発祥です。卵バターもぜひお試し下さい。「オリゴシリーズ オレンジ プレート（直径26cm）」¥3,150 ㊐スキャンデックス ☎03・3543・3453 www.scandex.co.jp

フィンランドがくれた宝物2

子どもの歯を虫歯菌から守る、天然甘味料のキシリトール。

問い合わせ：Fazer（フィンランド） www.fazer.com

歯の健康に役立つと言われて日本でも注目を浴びるとともに、さまざまな形で製品化されているキシリトール。実は1970年代初頭にフィンランド人による歯学研究の過程で発見されたことをご存知ですか？

その後、トゥルク大学の歯学部で歯垢に対する効果についての研究がスタート。その成果は1975年に「トゥルク砂糖研究」と名付けて発表されるとともに、キシリトールで甘みをつけた製品が世界で初めて発売されました。

キシリトールは自然の甘味料で、イチゴやカリフラワーなどに最も多く含まれていると言います。工業的にはフィンランドを代表する樹木である白樺の繊維・キシラーネから造られます。キシリトールを毎食後などの規則的なペースで使うと虫歯の原因となるバクテリアの量を減らし、歯磨きで歯垢を落としやすくします。さらにキシリトールは口の中で、歯に有害な酸を中和してくれるのです。

トゥルク大学歯学部では、1990年代に母子を対象にした研究を始め、母親がキシリトールのガムを規則的に噛んでいると虫歯菌の母子感染が減り、子どもの乳歯の劣化が70%減ることが分かったそうです。僕は我が子にもキシリトールの恩恵を与えたいと思っています。だから毎食後、「歯磨きをしたらキシリトールの錠剤を1粒」が、我が家の合い言葉なのです。

子どもたちに毎食後与えているキシリトール製品です。残念ながら日本には輸入されていないため、フィンランドに一時帰国した時に買っています。フィンランドのスーパーマーケットやキオスクで簡単に手に入ります！

第3章

イクメンMIKKOの日常

1 コイヴマー家のある1日

1 1日の始まりは、娘の〝目覚まし・ショー〟で

「わたしは、お姫様になりたいの！」

AM6：48――。2歳6ヶ月になる娘は、今日もそう言いながら両親の寝室に入ってきました。我が家では一番先に目を覚ますのが彼女。娘は1歳半の時から2歳年上の兄と子ども部屋（兼寝室）をともにしていますが、いつもご機嫌で目を覚まし、少しひとり遊びした後、両親の寝室に姿を現します。ときにはプリンセスの衣装を着て、ときには1番お気に入りのワンピースを身につけて……。

寝室の扉を開ける時に口にするのは、「お姫様になりたい」のほか、「スカートが欲しいわ」とか「お化粧したい！」などおかしなことばかり。ときどき、夜中に両親のベッドに潜り込

んできていた息子もこの場面に遭遇することになります。僕たちは寝不足の時でも、いくら疲れていたとしても、この愛らしい〝目覚まし・ショー〟を目にするととても不嫌ではいられません。とてもいい1日の始まりです。

MIKKOの1日

3:00	息子が両親の寝室へ、一緒に就寝
6:48	娘が両親の寝室へ、起床
	目覚まし・ショーのはじまり
7:15	シャワーを浴びる
7:30	家族4人で朝食
8:00	子どもたちと歯磨き
8:30	保育園へ
9:00	大使館に到着、仕事開始
	～仕事～
17:15	退館。帰りがけに買い物
18:00	帰宅。夕食前に子どもと少し遊ぶ
18:15	子どもたちと夕食
19:00	子どもたちと入浴
19:30	子どもたちと軽めの夜食
19:50	子どもたちの歯磨き
20:00	寝かしつけ
	絵本の読み聞かせ
20:20	子ども部屋消灯
20:30	自由時間
	妻とおしゃべり、映画鑑賞、遅めの夕食など
23:30	就寝

ショーが終わると、エリサか僕のどちらかが子どもたちを着替えさせ、もう一方が食事の準備をします。朝食にはたいていオートミールを食べます。これは典型的なフィンランドの朝ご飯で、健康的だし長時間おなかを満たしてくれるスグレモノ。それに食物繊維が豊富です。僕たち家族は大の日本食好きですが、食物繊維が少ない点が唯一気がかりなこと。だから、オートミールを食べることで1日に必要な食物繊維をとっておくことはとてもいいことだと思っています。

息子は週3回、娘は週2回、近くの保育園で行われている一時保育に通っています。そのため週の半分は子どもたちが朝食を食べている間、両親のどちらかが保育園に持って行くお弁当を用意することになります。たいていお弁当にはたくさんの野菜やフルーツをもたせます。さらに温かいものを一品。前日に用意しておいたパスタや魚のジャガイモ添え、スープなどが多いのですが、これらはすべてホーム・メイドで、既製品は買わないようにしています。

"Syökäähän reippaasti."

慌ただしくも楽しい朝食の時間。食卓には、食物繊維が豊富なフィンランドのパンやオートミールが欠かせません。栄養補給をしたら、保育園へ！

"シュオカーハン レイッパースティ"
しっかり食べようね！

保育園の先生からは「子どもの時からこういうヘルシーなお弁当を食べるのは、本当にいいことですね」と言って頂き、これにはホッとする思いです。やはり子どもには健康的な食事をさせたいですよね。お弁当の中身は特別なものではなく、我が家で日常的に食べている食事です。それゆえ「食育」と呼べるほどのものではありませんが、小さいうちから正しい食習慣を身につけさせるためにも、子どもにはできるだけきちんとした食事をさせるように心掛けています。

朝食後、子どもたちの歯を磨くのは僕の役目と決まっています。たまに息子と娘が自分たちで歯を磨きたがるときは、しばらくの間そうさせます。しかし、最後には必ず僕が歯ブラシを手に取り、仕上げ磨きをします。フィンランドの親たちの間では、少なくとも子どもが7~8歳になるまでは歯磨きに関しての責任は自分たちにあると考えられています。皆、子どもと一緒になって鏡の前に立ち、歯磨きの指導を徹底するのです。

さらに、我が家では毎食後、歯磨きの後にキシリトールの錠剤を与えています。食後にキシリトールを摂ることを習慣にするのは、歯の健康にとってとてもいいことです！ 僕たち夫婦は子どもたちが一時保育に通う保育園にもこの錠剤を持参させています。そしてお弁当を食べ終えて歯磨きを済ませた後には、毎回忘れずにこのキシリトールを摂らせるよう、先生たちにお願いしています。

2 登園中の日課は、おもちゃの猪への挨拶

僕はいつも子どもたちを保育園まで送ります。幸運なことに、保育園も職場も家からそう遠くない距離にあるのです。保育園に立ち寄って職場に行くのは少し遠回りにはなりますが、子どもたちと過ごす朝の時間は貴重で、その価値は充分にあります。

娘は昨年の冬、2歳になってから一時保育に通いはじめました。僕と子どもたち2人が登園するときには息子はキックボードで、娘はベビーカーにのって……がきまりです。娘が3歳になったら、子どもたちふたりは僕と一緒に徒歩で行くことに決めています。

娘が一時保育に通い出す前、3歳だった息子と僕は毎回約1.2㎞の道のりを歩いていました。日本人の親御さんの中には、小さな子どもがそんなに長い距離を歩くということに驚く方もいました。でもエリサも僕も、子どもにたくさん運動をさせることはいいことだと思っています。ともかく息子と僕は歩いたのです。それは特別な時間でした。小さな相棒はい

つも消防車やパトカー、道路工事などについて延々話し続けました。

話は現在に戻りますが、3人での登園中にはささやかながらもすてきな日課があります。僕には、子どもにとっての日課がとても大事なように思えます。同じようなことを同じようにやることは、小さな彼らにとってはある種カオス（混沌）のように見えるであろうこの世界で、生きるのに必要な〝予測する力〟を身につけることにつながるからです。予測する力は危険を回避する力でもあり、僕たちの誰もが必要とする力です。

"Moi moi!"

"モイモイ!"
いってきまーす!

息子が初めて一時保育に通いだした日の1ショット。心配する両親をよそに、彼はごきげんでした。フィンランドの保育園では、初登園から2週間の間は、親が保育園で一緒に時間を過ごすのが一般的なのですが……。

保育園への道すがら、僕たちは毎回あるインテリア・ショップの前を通ります。ショー・ウィンドウには猪のおもちゃが飾ってあり、これを見るのが日課のひとつなのです。たとえ僕が仕事に遅れそうになったとしても、素通りすることはありません。特に娘はこの猪に夢中で、毎朝うれしそうに「おはよう」と語りかけるのです。

もうひとつの日課は、線路を横切る橋の上で電車が通り過ぎるのを見ることです。息子と娘のどちらも電車が大好き。最後は保育園の近くにある消防署の前で立ち止まり、何台の消防車と救急車が停まっているのか数えるのがきまり。ツイていれば、消防士たちの梯子をのぼる訓練に遭遇することになります。

8時45分頃には保育園に到着。仕事が山積みの日でも、僕はときどき子どもたちが保育園で何をするのか、ちらりとのぞくことがあります。子どもたちが通う保育園では、よく日々の活動の様子をＦａｃｅｂｏｏｋで紹介しています。このページが見られるのは園の保護者だけ。子どもたちの園での様子をこのような形で知ることができるのはとてもいいことですね。ちなみにフィンランドの保育園では、ソーシャル・メディアを使ったこのような情報公開がもっともっと盛んです。

たまに朝の支度が遅くなり、急がなければならないときがあります。でも急ぐことは子どもにとって好ましいことではありません。小さい子どもにとって急ぐということを理解するのは難しいし、ことを急ぐ両親の発するストレスに不安になってしまうかもしれません。仕事や保育園に遅れるのは、子どもたちのせいではなく、親が支度を始めるのが遅かっただけなのです。

3 帰宅後は、妻と子育て担当の役割をチェンジ！

ほとんどの場合、僕は17時頃に仕事を終え職場を後にします。日本の労働環境からみれば、僕は恵まれているといわざるを得ません。とはいえ一時保育は15時頃には終わっているので、僕が子どもたちを保育園に迎えにいくことはありません。

18時頃には自宅に帰り、日が長く心地よい季節なら夕食の前に子どもたちと公園に。家で過ごすときには電車やクルマ、人形や動物などで遊びます。その後、家族揃って妻が用意してくれた夕食を摂ります。食事の間は、子どもたちとその日にあった出来事を語り合う時間。僕は息子や娘に、「今日はどんなことをしたの？」、「どうしてそれが楽しかったの？」など様々な質問をします。自分自身はあまりしゃべらないようにして、とにかく子どもたちが自由に繰り広げる話に耳を傾けるようにしています。息子と娘のふたりは、とても楽しそうに話を続けます。

夕食を摂った後は僕が子どもたちの面倒を見る番。エリサは掃除をしたり、食料の買い出しに出かけたりします。1日中、または保育園のあとの時間を子どもと過ごした妻は、僕の帰宅後には子どもの世話から離れて何か別のことをするのがいいだろう、と思うからです。そして何より、まる1日子どもと離れていた僕にとっては、息子と娘と過ごす時間が1番の楽しみ。我が家のパパとママ（夫妻）の役割分担はとてもうまくいっているほうだと思います。

その後、週に何度かは僕が子どもたちをお風呂に入れます。これもまた、1日のうちでとても楽しみな時間です。3人でバスタブに浸かりながら、ムーミンやプラスチック製の恐竜のおもちゃを使った作り話をして遊ぶのです。フィンランドには、週に1度家族全員でサウナに出かける習慣があります。僕の勤務するフィンランド大使館にもふたつのサウナがあり、時々家族を連れて行きます。この習慣は僕たちが子どもたちに受け継いでいきたい大切なフィンランド文化の一部であり、社会的な儀式のひとつだからです。

でも日本にはサウナに代わるいい習慣がありますね。そう、銭湯に行くことです。家族が男女別々にはなってしまいますが、我が家は家族全員銭湯が大好き！ 個人的には銭湯や温泉は日本のすばらしい文化のひとつであるとともに、日本とフィンランドをつなぐものだと思っています。

さて、お風呂に入ったらお次は夜食。我が家ではオートミール（また！）を準備するか、ヨーグルトやパン（フィンランド人は、ライ麦や大麦などを使った食物繊維豊富でちょっとパサパサした食感のパンをよく食べます）に野菜をのせたものを摂ります。

最後に歯磨き（もちろんキシリトールも！）を済ませたら、息子と娘はねんねの時間です。寝かしつけには絵本の読み聞かせや、頭の中で作り上げたお話をすることが欠かせません。絵本を読むときには特に、子どもたちとの双方向のやりとりを心掛けています。彼らを物語の世界に引き寄せ、さまざまな質問をしながら、自分で考えることを実践させます。質問形式は、皆さんもよくご存知の５Ｗ１Ｈ（Ｗｈｏ＝誰が、Ｗｈａｔ＝何を、Ｗｈｅｎ＝いつ、Ｗｈｅｒｅ＝どこで、Ｗｈｙ＝なぜ、Ｈｏｗ＝どのように）です。子どもたちにとっては、単純な「はい」または「いいえ」で答える質問よりも難しいもの。物語を語ることに加え、子どもたちとの対話を心掛けているのです。どうしてその登場人物はそんなことをしたのか、何がその原因で結果はどうなったのか——。時には次の日に本の話の続きをすることもあり、この読み聞かせが我が子にどれだけ強い影響を与えているかが分かります。

たまに子どもたちは悪夢や風邪をひいているなどの理由で、夜中に何度も目を覚ますことがあります。そんなときには、エリサと僕が交代で彼らに付き添います。もし息子か娘のどちらかが病気になったとしたら、やはり妻か僕のどちらかが夫婦の寝室に連れてきて添い寝し、どちらかはゲスト・ルームのベッドで眠りにつきます。病気が長引くようなら、次の日には役目を交代します。

仕事が山積みで遅くまで働かなくてはならないときも、子どもたちが起きているうちに5分だけでも顔がみたいと思って、いったん家に戻ることがあります。正直なところ、彼らが眠ってしまった後に帰宅した日は、何かだまされたような気持ちがします。つまり、子どもたちにおやすみを言わないまま1日を終えると、その日が完結しないような感じがするのです。幸運にも、そんな日はめったにないのですが——。

2 我が家の子育てとそのポリシー

1 人生に意味をもたらす、子どもたちの存在

フィンランドでは男女問わず多くの文化人や有名スポーツ選手が、彼（女）らの人生で果たした最大の役割や功を問われると「それは子どもを持ったことですね」と答えるのをよく耳にします。子どもの誕生はそこから始まる長い人生の始まりに過ぎず、ちょっとオーバーな気もしますが、ある種これは真実だと思います。

まだ人生のなかばで、これといった大きな偉業を成し遂げていない僕にとっては、同じ質問に答えを出すのはいとも簡単なこと。間違いなく、いままでの人生最大の喜びはふたりの子どもの父親となったことです。社会の仕組みが複雑さを増していく中で、親になることは決して簡単なことではありません。それでも僕は、子を持つことは人生の中で最もやりがい

のあることなのだと胸を張って言えます。だからフィンランド人にとっても、日本人にとっても、男性にとっても、女性にとっても、より多くの時間を子どもと共にありたいと思うことは、とても自然なことなのです。

僕の人生に息子と娘が登場してからというもの、彼らなしの人生は想像できなくなりました。子どもたちが生まれる前の自分を想像することは、思い出すのも難しいくらい。仕事が終わった後の自由な時間はどう過ごしていたんだろう？　エリサと僕、ふたりきりの生活はどんな感じだっ

"Läheiset sisarukset!"

息子と娘は大の仲良し。子供部屋をシェアさせることにした時には息子の抵抗にあうかと思っていましたが、彼は妹の存在を大歓迎してくれました。

ただろうか？　いま思えば、その頃の自分はいまとはまったく違う人間でした。

子どもとの生活の素晴らしさを知ってしまったら、彼らなしの人生は空っぽのようにさえ感じます。ふたりの子どもは僕たち夫婦のすべてです。もちろん子どもがいれば忙しいし、疲れることもあれば自由時間の少なさを嘆きたくなるときもあります。でも1日か2日も息子と娘の顔を見ないで過ごしたら、ひどく孤独を感じて、人生の大切なものが欠けているように感じます。

僕は出張先のホテルの部屋で眠りにつくと、よく眠れないことがほとんどです。だって、誰かが小さな足で僕をキックすることも、夜中に泣き出すこともないのです――。子どもたちがいったん僕たちの人生に登場したら、彼らは姿が見えない時でも、ずっとそこに存在しているのです。

親の僕たち自身が男女の役割についてフレキシブルであるため、我が家では子どもたちにもそういうプレッシャーを与えることはありません。つまり「男の子らしくしなさい」とか「あなたは女の子でしょ」などという言葉をふたりの子どもに投げかけることはないのです。それにもかかわらず、子どもたちはあらゆる意味でまったく異なります。僕が思うに息子はいわゆる典型的な男の子で、娘はいわゆる典型的な女の子なのです。それはふたりの日常をみれば明らかです――。

息子はいかにも男の子好みのクルマやボールで遊び、最近では何かを銃に見立てて戦争ごっこをしたりもします。彼が1歳になったばかりの頃、小さな男の子と女の子のいる家庭に遊びに行ったときのことです。彼はその家の子どもたちのおもちゃで遊ぶことを許されると、うれしそうな顔をしておもちゃ箱までトコトコ歩いていきました。さまざまなおもちゃの入った大きな箱から、彼が取り出したのはボールやクルマ、工具を模したおもちゃ。お人形やおままごとセット、動物のぬいぐるみにはまったく目もくれませんでした。僕とエリサはその様子を見て、「こんなに小さいときから、男の子は男の子らしいものを好むんだね」と驚いたものです。

一方の娘はどうかというと、彼女の目下の興味は〝お姫様になる〟こと。一日中、鏡の前にワンピースやスカートを山積みにしては、着替えて遊ぶのです。一番好きな色は、もちろんピンク。彼女が10分も静かにしているなと思ったら、その居場所は間違いなく洗面所です。彼女は鏡の前で、エリサの化粧道具をいたずらしているに違いないのです（妻の許可なしで）。彼女はまだそれほどお絵描きが上手ではないので、口紅は唇から大きくはみだし、ほっぺたは真っ赤だったりして、それはもうひどいもの！ママの化粧品を許可なく使ったのだから本来は娘を叱るべきなのですが、たいていの場合、両親は笑いをこらえずにはいられません。

いま子どもたちが僕たちに見せるさまざまな「顔」は成長過程にあるごく一時的なものだということは理解しています。ふたりは今後大小さまざまな変化を繰り返し、自分自身を形成していくことでしょう。この後は、僕たち夫婦の子育てに関する方針（ポリシー）や基本的な考えをお話ししていきたいと思います。

僕たち自身もまだ子育ての真っ最中であり、ふたりの子どもをどのように育てていくかについては日々模索を続けているところです。でもいま我が家で実践している事柄をありのままにご紹介することで、何か読者の皆さんの子育てのヒントになることがあるとすれば、こんなにうれしいことはありません。

2 子育ての方針その①：親の「存在感」を示す

子どもというものは親の注目を一身に受けることに喜びを感じるものだといいます。僕は子どもたちと過ごすときには、彼らだけに集中することにしています。その時間だけは、パパは誰にも邪魔されない存在でいるべきです。僕が思うに親と子の良質な時間を邪魔する最大の敵は、携帯電話です。携帯電話端末で世界的なシェアを誇るノキアの母国であり、SMSが発明された国から来た僕がこう言うのは少し気が引けますが、携帯電話は人と人とをつなぐものであると同時に、逆に作用することもあると思います。

人間は1度にひとつのチャンネルでしかコミュニケーションをとることはできません。つまり、携帯電話で通話したり、メールを打ったり、Facebookで誰かと思いを共有したりしているときには、そばにいる人間を閉め出していることになるのです。だから僕は子どもたちの前では携帯電話を使わぬよう、ベストを尽くしているつもりです。「携帯電話のパパ」にはなりたくないからです。子どもという存在は、そうするに値するもの。そして彼らは親の「心」がそこにないことに敏感に気づくものです。僕自身仕事に追われて携帯電話を握りしめていたときに、息子から携帯を置いてちゃんと自分たちと遊ぶように、と言われたことがあります。

仕事やその他の雑事は、可能な限り子どもとシェアすべきではありません。僕からの提案は、いったん子どもと過ごそうと決めたらその選択に素直に従うこと。忙しいときでもいったん仕事をやめて、子どもが寝た後に続きをしてみてはいかがでしょうか。

"エン ハルア オッラ カンニュッカイサ"
携帯電話のパパには、なりたくないなぁ。

"En halua olla kännykkäisä"

子どもと一緒にいるときは、できるだけ彼らに集中すべき……。とはいえ、もちろん僕にもそうできない時も。自分自身の戒めのための提案です！

3 子育ての方針その②：子どもは子どもらしく！

前の章でもお話ししましたが、僕はフィンランドの保育園のゆとりあるところが好きです。ゆとりの意味は、そこで行われるのが多くの遊びと、わずかで純粋な教育的指導のみであるということ。日本で言えば、幼稚園よりも保育園にずっと近いものであることにも触れましたね。フィンランドの子育ての哲学では、「子どもは遊びから学び、この時期にもっとも重要なのは社会性を身につけること」とされ、別の哲学では「子どもは子どもらしく」あることが重要だとされています。だからフィンランドの子どもたちは、小さな頃から熾烈な競争社会を生き抜かなくてはならないような事態には陥りません。国際的に比較をすれば、学校に入ってからの教育もゆとりのあるものだと言えます。

僕は自分の子育ても、先の指針に従いたいと思います。子どもが健全に成長している限り、余計なプレッシャーを与えないようにしようと考えています。だから、6歳までに読み書きができなくても心配はしません。学校に入ってから、勉強するための充分な時間があるからです。学ぶことを楽しんでいるうちはいいけれど、プレッシャーを感じたりゴールを設定し始めたとしたら、それは間違った方向に行っていると思います。

“アンター ラステン
オッラ ラプシア!”
子どもらしさが一番！

“Antaa lasten olla lapsia!”

例を挙げましょう。息子は一時保育でアルファベットを勉強しています。彼が4歳になる前からその宿題を持ち帰ってくるということに、当初僕たちは懐疑的でした。でも息子はアルファベットを習うことを楽しんでいるように見えたので、エリサも僕も「まぁ、いいか」と思うようになりました。だからといって、アルファベットの練習をしなさいとプレッシャーをかけるようなことはありませんが。

もちろん、僕たちがマナーやその他の一般常識を子どもに教えるつもりがないということではありません。僕たちはただ、我が子が小さいうちは教育的野心から距離を置いていたいだけ。独立した思考については、むしろ育てたいと試行錯誤しています。幼い頃から、自分の頭を使って考えるようになって欲しいのです。その観点から言えば、さまざまな問題や疑問に関して、すぐに答えを与えるよりも、自分たちで考えるように促しています。妻も僕も、子どもたちの成長にはそれがベストな方法だと考えています。

基本的に子どもたちに日々多くの質問をするように心がけ、ときには僕たちが子どもたちからの質問に答えるようにしています。これは多くの質問によってある種の回答を導き出すという、「ソクラテス式問答法」の一種だと思います。エリサと僕は、子どもたちと一緒にいるときに何かに遭遇したら、目にしたもの以上のもの、つまり物事の背後にある理由を考えさせるようにしています。例えばサイレンを鳴らし、赤いランプを点滅させた消防車を見たら、息子と娘にそれはなぜか、どこへ行くのか、消防士たちは何をしようとしているのかを尋ねます。

4 子育ての方針その③：体罰は絶対に禁止

フィンランドの法律では子どもへの体罰が禁止されているため、それは一般的に非難の対象となります。僕もまたこのルールを支持しています。たとえ子どもに言葉で伝えるのが難しい場合でも、子どもたちを体罰によってコントロールすることは憎むべきことです。僕もエリサもたとえ何度繰り返すことになろうとも、他者を尊重することや一般常識などを話すことで理解させるように心掛けています。

もちろん、ときには僕たちにも子どもたちを納得させきれず、よくある子育てのトリックーワイロ、脅し、恐喝ー（これはフィンランドのことわざです）に頼らざるを得ないときもあります。「お菓子をあげるから～をしようね」などはその典型ですが、僕たちが身体的な優

“Lasta ei saa kurittaa.”

“ラスタ エイ サー クリッター”
体罰はダメですヨ。

位性を行使するようなことがないかぎり、それは許されることだと思っています。当然のことながら、子どもたちに間違っていることと正しいことの違いを教えようと努力していますが、それは簡単なことではありません。

我が家にはルールがあります。まず最初に、何をするべきか、せざるべきか話をします。それでダメならもう一度話し、最後には警告を発します。それでも両親に従わない場合には、子どもを〝ペナルティ・ベンチ〟に連れていきます。ペナルティ・ベンチは我が家の玄関ホールにあるイスで、何か悪いことをした時、しなければならないことをしなかった場合に座らせることになります。子どもはしばらく、ひとりきりでそこに座っていなければなりません。年齢につき1分、というのがきまり。いまなら2歳の娘は2分の罰。4歳の息子は4分の罰となります。

子どもたちには、なぜ罰せられるのか理由を話さなくてはなりません。もしも子どもたちがその理由を分からなければ、その罰にはまったく意味がないのです。僕たちを含めてですが、親はあまりにも腹を立てすぎて罰の理由を説明するのを忘れることがあります。でも子どもたちが何がいけなかったのか理解していなければ、次の機会に態度を改めることはありません。その罰は教育的な意味を失ってしまうのです。

子どもたちが問題のあるふるまいをした時には毎回、すべての問題を解決しなければなりません。その意味では、ペナルティ・ベンチに行かせるだけでは充分ではなく、罰の時間が済んだら僕たちは子どものところへ行って話をします。もし、息子が娘を叩いたとしたら、彼は妹に謝って仲直りするためにハグをしなければなりません。これは罪悪感を長引かせないため。罰が意味するところは、悪いことをした結果起こることを子どもたちに教えること。しかしそのレッスンの後には、嫌な気分を払拭させることも重要だと思います。

5　子育ての方針その④：自分を愛せる子に育てる

我が家の子育ての目的は、子どもたちが自分自身を愛せるようにすること以外の何ものでもありません。僕たち夫婦は、彼らが医師になろうが配管工になろうが一向に気にしません。ただ自分を好きで、自分らしくあって欲しいだけなのです。同時に、自分たちが果たせなかった夢を子どもたちに託すつもりもありません。僕自身はベース・ギター奏者か映画監督になりたいなと思っていました。でもその夢は実現しなかったし、おそらく子どもたちのどちらもそうはならないでしょう。

自分を愛し、受け入れることはしあわせな人生を歩む上での基礎になるものです。成長の過程で生じる問

“Näytä että välität!”
“ナユタ エッタ ヴァリタット！”
愛情はたっぷり
示しましょう！

フィンランド人は歴史的にみてもとてもシャイな国民性でした。でも子どもたちにはありったけの愛情を示すべき。僕もそうするように日々心掛けています。

題の多くは、自尊心の問題に関係していると思います。僕は自分のことにしか興味がない人間やナルシストを育てようとしているのではなく、ただ自分を好きになって欲しいのです。

ではそれをどのように実現するか――。僕は子どもたちに彼らは素晴らしいのだと語ることで、彼らが両親にとってどれだけ貴重で、両親がどれだけありのままの彼らを愛しているかを表現することでそれを可能にしたいと思っています。歴史的にみたら、フィンランド人の男性は子どもたちに充分な愛情を表現してきたとは思いません。むしろ過去のフィンランド人男性たちは、その気持ちを抑制してきたとも言えます。実際、フィンランド人は伝統的に物静かな国民性であり、子どもたちの多くは父親が何を考えているか疑問に思ってきました。父親が彼らを愛していることを充分に伝えてこなかったからです。でも、今日のフィンランド人の父親はよりオープンに子どもたちへの愛情を表現するようになってきています。

両親が子どもたちに積極的に愛情を表現することが重要なように、彼らにとっては自分たちのさまざまな感情を表現できるようにすることが重要です。いろいろな感情のベクトルを持つことが大切で、ネガティブな感情も抑制されるべきではありません。子どもたちは、自分が狼狽していたとしても親の膝の上にいるかぎり親に受け入れられているものだと安心しきっているもの。彼らは親にネガティブな感情の理由について聞いてもらったり、説明したりするべき。その後、世界とはどういうものかを説明するのは、親の責任です。

6 子育ての方針その⑤：独立心を充分に養う

よくフィンランド人は独立心が旺盛だと言われますが、僕自身もそう思います。これは、フィンランド人の親たちが早い段階で子どもたちに家事を手伝わせ、基本的かつ実用的な生活力を身につけさせるところに大きな要因があるように思います。僕の母も幼い頃から、子どもたちに掃除やゴミ捨て、皿洗いなどの手伝いをさせました。

またフィンランドでは男の子は19か20歳で軍隊に入隊し、女の子も同じ頃に家を出て大学や職場に通うことになり、基本的な生活力が必要とされるようになることも関係しているかもしれません。もちろんフィンランド人の親も子どもが必要とするときには手を差し

"Kunnioita lasten ajatuksia!"

自分の足でしっかりと立ち、自分の頭でしっかりと考える……。僕たち夫婦は子どもたちにはそうあってほしいと願っています。

伸べますが、問題解決能力や独立心を育てることをよしとし、それを重んじることは我々の価値観の特徴だといえるでしょう。

これは僕たち夫婦が子どもたちに受け継ぎたいものでもあります。我が家の子どもたちは大きくなるにつれて、より多くの日課を課されることになります。たとえば、息子には自分が食べる卵を割らせるし、ふたりの子どものどちらも食事をし終えた後の食器は自分で食器洗い乾燥機まで運びます。僕たちの意図は、子どもに手伝いをさせて自分たちがラクをしようということではありません。家族は助け合わなければいけないということを教えたいのです。そして、子どもたちはまた彼らの日課をこなすことを楽しんでいることと信じています。いまはまだ遊びの延長ですが、いつしかそれは本当の日課になるのです。

数ヶ月前息子と娘はついに自分たちが遊び終えた後のおもちゃを片付けることを覚えました。これはしばらくの間家族の中で大きなストレスの原因となっているものでした。それまでの子ども部屋のひどい散らかりようときたら……。

2013年1月11日、Am10：33——。エリサは、携帯電話のEメールできれいに整理整頓された子ども部屋の写真を送ってきました。それを受け取った瞬間、僕はいまにも泣き出しそうになりました。子どもを育てることは簡単なことではありません。しかしこの瞬間、僕はふたりの子どもとその親である僕たち自身をとても誇らしく思ったのです。

✉≈ 2013年1月11日 10:33

エリサが携帯電話のメールで送ってくれた、子ども部屋の写真です。息子と娘の成長ぶりを感じ、職場にいたのにもかかわらず思わず泣きそうになってしまいました(笑)。記念の1枚です。

7 伝えておきたい、子どもたちへのメッセージ

お話ししてきた我が家の子育ての方針以外にも、ふたりの子どもに伝えたいことはまだまだあります。そのひとつは、嘘をつかないということ。僕の両親は、それがたとえ不都合な真実だったとしても、嘘をつくべきではないということを教えてくれました。そして僕もまた、ひとりの親となったいまこの基本的な理念を貫きたいと思っています。

子ども時代から学んできたことのなかで、もうひとつ自らの子育てに生かすべき事柄を挙げるとすれば、それは〝エコロジカル〟であること。20代から40代のフィンランド人の親たちの多くは、極めてエコだと思います。エコな考え方はここ15年程の間にどんどん浸透してきました。個人個人のレベルでも、少し日本の先を行っていると言えるでしょう。これは子育てにも言えることで、環境に優しいオムツを使ったり、使う量自体を減らしたりしています。一般的に父親よりも母親のほうが長けていることになりますが、赤ちゃんの古着市場もとてもうまく機能しています。これらは、僕たち夫婦が日本で寂しく思うことのひとつで

す。小さくなった我が子の子ども服を売ったり寄付したりしたいと思っていますが、まだいい方法がみつからないのです。

子どもたちに倹約とエコを心掛けることを教えることも重要です。フィンランドや日本を含む多くの国の子どもたちは、物質的に恵まれすぎていると思います。多くの親御さんと同じように、僕も子どもたちが間違った考えを抱くのではないかと心配しています。彼らはあまりにも多くのおもちゃに囲まれ過ぎています。たとえば小児科にいったら無料のおもちゃがもらえますし、我が家の子どもたちにいたっては4組、計8人の祖父母がいるため、おもちゃの洪水はとどまることを知りません。もちろん、子どもたちには与えられたものを大切にすることを教えたいと思ってはいますが、この問題にはしばしば頭を抱えることがあります。

リビングの壁には、祖父母の写真も並びます。先代からの大切な教えもきちんと子どもに受けつぎたいものです。

3 妻エリサとのパートナー・シップ

妻のエリサと僕は今年で結婚5周年を迎えました。ふたりの愛すべき子どもたちに恵まれた僕たちは、とてもよい夫婦関係を築いていると思います。

男女がいい関係を築いていたとしたら、子どもを持つことはその絆をさらに深めることになると思います。一方で、もし男女の関係がうまく行っていなかったとしたら、恐らく彼らが父親、母親になったときその関係はさらに悪化するでしょう。なぜなら小さい子どもを抱えることで、睡眠や自由時間の不足などさらに多くのストレスがのしかかることになるからです。それゆえフィンランドの例を見てもよく分かるように、多くの結婚が夫婦が親となった初期の段階で壊れるのだと思います。

どの夫婦あるいはカップルにとっても、第1子が生まれた最初の2年間がもっとも難しい時期だと何かの本で読んだことがあります。僕は、たとえ少しばかりの問題があったとしても、妻とその時期を乗り越えられたことをとてもしあわせに思います。

子どもが生まれる前なら、男女はふたりの個人でいられます。しかし子どもが生まれたら両親は〝チーム〟となり、互いに助け合わなければなりません。ふたりは子どもの前では論理的かつ一貫したふるまいをし、同じ価値観を共有すべきなのです。僕は両親が異なったルールと価値観で子どもに接したケースをいくつか知っていますが、言うまでもなく子どもたちは親のふるまいに混乱しているように見えました。

いったん子どもを前にしたら、夫婦ふたりはチームです。これからも妻とよいパートナー・シップを築き、息子と娘には笑顔で接していきたいと思っています。

もちろん家族のなかでのルールは、どちらの親が子どもと一緒にいるときでも同じでなくてはいけません。僕たち夫婦の間でも、子育てについて意見の相違があることがありますが、決して子どもにそのことを見せないようにしています。その場合は、子どものいない時に話し合い、お互いの妥協点を見つけます。もし両親が子どもたちの前で迷いを見せたなら、たちまち親としての権威は失墜してしまうのです。だから両親は互いの肩を持って、子どもたちの前では一枚岩でいなければならないのです。

以前の章でもお話ししましたが、僕はフィンランドを含む北欧の国々（社会）において、男女の役割分担がとても柔軟なところが気に入っています。僕も妻も結婚生活の中で「男性の義務」「女性の義務」などといった縛りやプレッシャーを感じることがなく、それぞれ自分の得意なことや興味の範囲で家族生活に平等に貢献しています。

子育てに関しても僕は妻とほぼ同じように関わり、知識を持っているつもりです。しかし親としては、多くの面でエリサのほうが優れているように感じます。僕は様々な問題を解決する手段を探し当てる、彼女のタフさを心底尊敬しています。例えば子どものいずれかに病気の疑いがあるとき、エリサは真っ先にインターネットで情報を集め、小児科に電話をかけてその病気が何であるかをつきとめようとします。また子どもたちの服が小さくなったときには先々のことまで考えて新しい服を選び、買い物を済ませたりもするのです。

子どもたちは僕たち夫婦にとって共通の「冒険」です。しかしそれ以前に僕たちが「ふたり」であったことも忘れてはなりません。子育てに没頭するとつい忘れがちなことではありますが、夫婦（カップル）はふたりの時間も持つべきなのです。

我が家では、子どもが寝る時間までにすべての家事を終わらせるというポリシーをもって生活しています。だから毎日8時半過ぎには、夫婦水入らずの時間が始まります。エリサと僕は互いに話をしたり、映画を見たり、ときにはワイングラスを片手に遅い夕食をとったりしながらふたりの時間を過ごすのです。そして寝室の明かりを消す時には、明日の朝、娘はどんなことをして僕たちを楽しませてくれるのだろう……そんなことを考えながら眠りにつくのです。

4 家族4人の日本での暮らし

生後2ヶ月の娘を含む家族4人で日本に移り住んでから、3度目の春を迎えました。僕たちは日本での暮らしを心から楽しんでおり、たまにフィンランドに一時帰国をすると東京が恋しくなることさえあります。ここで僕たちの目からみた日本について少しお話しをしておきたいと思います。

1 環境について

子どもを育てるにあたり、日本は多くの点ですばらしい場所だと思います。そのひとつがおそらく地球上でもっとも安全な場所であること。たとえ東京が世界最大級の都市であっても、ヘルシンキと同様に傷害や盗難の心配はほとんどありません。フィンランドでは、定期的な監視なしに子どもたちをベビーカーにのせたまま玄関先でお昼寝させることがあります。これは子どもたちがさらわれる心配がないからこそできることで、同じことが日本にもいえるのではないでしょうか。

その一方で何百万人もの人で溢れかえっている東京のスペースのなさは悪い点だと言えるでしょう。フィンランドは世界の中でももっとも人口密度の低い国。国土はほぼ日本と同じ広さですが、人口はわずか540万人。日本のたった4%程度。フィンランド人にはひとりあたりに広大なスペースが与えられているのです。日本人、特に東京に生きる人々は小さなスペースを大勢で使うことに長けていると思いますが、道路や歩道はあまりに狭く、車道と歩道の区別があいまいだったりすることも。子を持つ親としては肝を冷やすことも多いのです。公園の狭さや、あまり頻繁に手入れされていない点も少し気になりますね。

"Japanilainen ruoka on hyvää!"

"ヤパニライネン ルオカ オン ヒュヴァー!"
日本食大好き！

子どもたちもエリサも僕も日本食が大好き。日本の食文化や食材の豊かさには、本当に驚かされてしまいます！

2 食事について

日本食は本当に美味しいものだと思います。スパイスを多用しない点などで、北欧の料理にも多くの共通点があります。北欧の人々も素材そのものが持つ、自然で素朴な味わいを大切にします。しかし、食材となれば話は別です。日本の食材（特に海産物など）の多様性には、我が国は足下にも及びません。幸運にも、我が家の子どもたちはヘルシーな日本食が大好きなんですよ！

さらに日本で買う食材は、クオリティが高いことも特筆すべき点です。スーパーに売っているお総菜や半加工品の質の高さに、来日当初は驚いたものです。野菜やフルーツの品質については言うまでもありません。フィンランドは野菜やフルーツの産地から遠く離れた北の国です。特に冬の時期にはそれらがじゅうぶんに熟さないまま輸入されるため、味に期待はできないのです。僕たちは、ここ日本でアボカド、ナス、マンゴーなどの本物の味に出会い、豊かでバラエティに富んだ食材を日々楽しんでいます。

しかし、日本食における心配な点がふたつ。ひとつ目は食物繊維が不足しがちなこと。ふたつ目はカルシウムが不足しがちなことです。その解決策として、僕たちはフィンランドに一時帰国するたびに食物繊維豊富なライ麦パンを多く持ち帰ったり、子どもたちにカルシウムのサプリメントを与えたりしています。

3　利便性について

日本のスーパーで食材の充実ぶりに驚かされる一方で、ベビーフードやオムツなどの育児用品を買う場所が少ないことが残念。フィンランドでは、それらはすべてスーパーマーケットで購入することができるからです。以前、僕が大阪出張に出かけたときのこと。たまたま家族もその出張に同行し、大阪駅近くのホテルに宿泊していました。途中でオムツを切らしてしまったため、近くの店を探しまわりました。妻は3〜4時間も近くのコンビニエンスストアなどを探し歩いたあげく、最後にはアカチャンホンポまでタクシーをとばすハメになってしまったのです。そこで僕たちが学んだのは、日本の大きな都市（大阪や東京など）

で、ある目的のために作られたエリアは他とはまったく異なるということ。つまりビジネス街や歓楽街はオムツを買う場所ではないということです。フィンランドの街にはこのように明確な区別はなく、基本的なものはどこででも見つけることが出来ます。もちろん、街の規模にもよるとは思うのですが……。

4 気候について

エリサは来日後初めて迎えたクリスマスのことをよく話題にします。その年のクリスマス・イヴは快晴でぽかぽかと暖かく、気温は19℃でした。同日ヘルシンキの気温はマイナス19℃だと知った僕たちは、そのあまりの気温差に思わず笑ってしまったものです。日本の気候はフィンランドとまったく逆。夏の暑い暑い2ヶ月間が不快なくらいで、あとはとても過ごしやすく、すばらしい気候だと思います。

フィンランドにも四季があり、人々は気候に関してとてもオープン・マインド。どんなお天気でも外出します(子どもたちは特に!)。「悪天候なんてものは存在せず、あるのは悪い服装だけさ」という言葉もあるほどです。それでもやはり、厳しい冬の防寒対策に親たちは頭を悩ませるもの。分厚いカバーオールに帽子、手袋、ウールの靴下、ブーツの重装備には時間がかかり、支度を終えて外に出るまでに子どもたちは「暑い、暑い」と不機嫌になるからです。その心配がない分、やはり日本の気候はすばらしいですね。

卵液をた〜っぷり吸わせたマカロニを、こんがり焼いて。

Makaronilaatikko

〈マカロニラーティッコ〉

マカロニ キャセロール

材料（4人分）

乾燥マカロニ	400g
牛挽き肉（または牛と豚の合い挽き）	400g
キューブ型コンソメ	2個
玉ネギ（みじん切り）	1個分
牛乳	700ml
卵	2個
ニンジン（すりおろし）	適量
白こしょう	適量
サラダ油	適量
チーズ（ゴーダやチェダーなどをすりおろす）	200ml

作り方

1.オーブンを200℃に温めておく。
2.大きな鍋に湯を沸かしてコンソメ1個を溶かし、マカロニを加えて袋の指示時間通りに茹でる。
3.フライパンにサラダ油をひいて中火にかけ、玉ネギと牛挽き肉を炒める。
4.③の肉の色が変わったら、コンソメ1個を崩しながら加えてよく混ぜ、白こしょうを加えて味をととのえる。
5.耐熱容器に食用油をひき、②と④を加えてよく混ぜ合せる。
6.ボウルに卵と牛乳を入れて泡立て器でよく混ぜ、⑤の上に静かに注ぎ入れる。
7.⑥の上にチーズをかけ、200℃のオーブンで40分程度焼けば完成。ニンジンのすりおろしをのせ、好みでケチャップをかけて食べる。

〈iittala〉

Teema Series

ティーマ シリーズ

フィンランドデザイン界の良心、カイ・フランクが1948年にデザインした自身の作品、「キルタ」シリーズを時代に合わせて改良。1981年に発表された「ティーマ」はイッタラでも不動の人気を誇るシリーズとなっています。シンプルで無駄のない機能美あふれるデザインは、あらゆる食のシーンにマッチ。フィンランド人の間でも、永遠のスタンダードとして愛され続けている器です。

作り方が簡単で一度にたくさん作ることができるため、忙しい共働きのパパやママも大助かりの一品です。シンプルな味わいは、子ども好み！「ティーマシリーズ スクエアプレート ターコイズ（16cm×16cm）」¥3,675 ㊍スキャンデックス ☎03・3543・3453 www.scandex.co.jp

フィンランドがくれた宝物3

多忙なパパも早く帰宅したくなる、ホンカ・ログホームの心地よさ。

問い合わせ：ホンカ・ジャパン ☎0120-69-3219 wwww.honka.co.jp

国土のおよそ78%が森林で覆われ、「森と湖の国」と呼ばれるフィンランド。その豊かな森で育まれるポーラーパインの木々もまた、フィンランドがくれた宝物のひとつです。その高品質の木材を100%使用して生み出されるというログハウスの魅力を、フィンランドで誕生し、世界最大のログハウスメーカーとなったホンカ・ジャパン代表取締役社長のマルコ・サーレライネンさんにうかがいました。

「ログホームの魅力を一言で表すなら、トータルなバランスのよさでしょうか。ログホームには人々が住宅に求める、さまざまな利点があるんです。たとえば木材が発する芳香成分・フィトンチッドがもたらす癒しの効果。天然の木から作られるため、科学物質をほとんど含まずシックハウス症候群の心配がないという健康面。ごく簡単なメンテナンスをすれば何百年でも持つ耐久性からの、エコロジカルな面も見逃せません」

現在は奥様と小学生のお子さん、愛猫とともにログホームに暮らすマルコさん。来日後には一時期マンション暮らしを経験したそうですが、ログホームに引っ越した直後にはちょっとした驚きが。

「家族全員が引っ越し前よりよく眠れるようになり、心地よく生活しています。マンションでは落ち着きなく過ごしていた猫も、のびのびとしているんです」

子どもの健やかな成長を願う親世代にとって、健康的でエコなログホームはマイホーム購入時の賢い選択肢の1つとなりそうです。

デザイン性が高く日本の住宅街にも違和感なく溶けこむホンカの家。ログハウス=丸太小屋の概念は覆えるはず。日本の一般住宅の5〜6倍の建材を使用し、強度も抜群!

子育て世代に最適な家族間のコミュニケーションを重視したプランも。子ども部屋が2階の場合、必ずママがいるキッチン横の階段を通るようになどの工夫があります。

第4章

フィンランドの子育て事情と教育

1 子育て支援と社会サービス

1 世界で唯一の、「母になる人への贈り物パック」

いままで子育て支援の社会保障の一環として、両親に対する各種の手当や休暇についてお話ししてきましたが、フィンランドにはもうひとつ政府からのすばらしい贈り物の制度があります。それが、フィンランド語でアイティウスパッカウスと呼ばれる「母になる人への贈り物パック」です。

「母になる人への贈り物パック」の中身は赤ちゃんの服やお世話に必要なアイテムの数々。たとえば布おむつ、ガーゼタオル、肌着、帽子、カバーオールなど。中身は毎年入れ替わり、近年ではデザインや色にも配慮した洒落たものになっていて、その総額はおよそ270ユーロ。パックのかわりに現金を受け取ることもできますが、その場合は約半額の

１４０ユーロが支給されることになります。
この「母になる人への贈り物パック」は
１９３７年にスタートしたフィンランド独自
の社会改革であり、他国には例が見られない
制度です。

最新の「母になる人への贈り物パック」の中身です。パックの中身は毎年見直されます。ある意味では、時代を映す鏡のひとつですね。

©Kela / Annika Söderblom

２　両親の強い味方の「ネウヴォラ」サービス

妻の妊娠期間中、僕も足繁く通って子育てのイロハを教えてもらったネウヴォラ。その機能や役割についてもう少し詳しくお話しをしておきたいと思います。ネウヴォラは一言で言ってしまえば妊婦と幼児のための保健所で、子育てに関するさまざまな相談ができる無料のサービスです。

国内初の幼児保健所は１９２２年に、妊婦保健所は１９２６年に始まり、１９４４年には法律ができ、すべての自治体が両者を統合したネウヴォラを設置することとなりました。そのおかげで、１９６０年には乳児死亡率が２%まで下がりました。まだ貧しく、人口に対する医師の数も欧州の中で３番目に低かった国にとって、これは小さな奇跡でした。１９７０年代には父親もネウヴォラに足を運ぶようになり、今日ではほぼすべてのフィンランド人の母親が妊娠中の健康管理と幼児ケアのために足を運んでいます。

妊娠期間中、母親は妊娠の経過の観察と母子双方の体調管理のため約12〜15回、ネウヴォラで検診を受けることになります。赤ちゃんが誕生すると、今度は子どもの健康を増進し、病気から守る目的のために通います。典型的なのが、定期的な健康診断とネウヴォラのスタッフによる家庭訪問です。1歳未満の赤ちゃんは年に8回、1〜2歳児は年4回、その後基礎学校入学前の7歳までは年1回訪問することを奨励されています。ネウヴォラは子どもたちの予防接種も担当しており、フィンランドの子どもたちの約95%が、そのプログラムに従いすべての予防接種を受けています。

©Kimmo Brandt/ヘルシンキ市

ネウヴォラで看護師からアドバイスを受ける親子。診察室や待合室は明るく、親しみやすい雰囲気。みんな楽しく通っていますよ。

2 フィンランドの教育

1 フィンランド式教育の、3つのキーワード

フィンランドの教育システムは世界的に有名です。その名声は、ここ10年ほどの間にOECD(経済協力開発機構)によって実施されたPISA調査の結果によるところが大きいでしょう。フィンランドと韓国はOECD加盟国の15歳の子どもたちの学力を計るために行われたこのテストで、他国を圧倒する成績を収めました。では、フィンランド式の教育とは一体何なのでしょうか? 何がよい教育なのか、その答えは簡単には見つかりません。フィンランドでは、その答えについて近年分析が進められています。ここでは、僕が考える我が国の教育に不可欠な要素について述べたいと思います。

ひとつ目のキーワードは「平等」です。フィンランドは深く社会民主主義の理念に基づい

た価値観を持つ国です。これはフィンランド社会がそこに生きるすべての人々に平等な機会を提供しようとすることを意味します。教育における平等とは、誰でも無料で教育が受けられることです。フィンランドでは、すべての学校教育が無料です。そこには授業料、教材、学校給食や医療費までもが含まれ、郊外では、地方自治体によって無料のスクールバスが提供されている場合もあります。もうひとつの理想的な平等のかたちは、誰

PISA 調査でフィンランドの子どもがトップに

フィンランドの順位	2009	2006	2003	2000
読解力				
OECD 加盟国	2	2	1	1
全参加国・地域	3	2	1	1
数学的リテラシー				
OECD 加盟国	2	1	1	4
全参加国・地域	6	2	2	4
科学的リテラシー				
OECD 加盟国	1	1	1	3
全参加国・地域	2	1	1	3
問題解決能力				
OECD 加盟国			2	
全参加国・地域			2	

もが家の近所の学校教育を受けられること。しかし近年ではフィンランドでも多くの人が地方から都市へと移り住む傾向にあり、国内のすみずみまで行き渡る学校のネットワークは危機にさらされています。いくつかの小さな村の学校は閉校を迫られているのです。

誰もが無料で教育を受けられるよう保証されているもうひとつの理由は、林業を主な産業とするフィンランドが、日本同様に資源の少ない国だということです。だからフィンランド人は、自分たちの脳こそ最大の資源だと考えます。たった５４０万人の人口だからこそ子どもの教育に力を入れ、教育に重きをおくのです。

我が国の教育システムの基礎は１９２１年に義務教育に関する法律が制定された際に築かれました。これは、すべての子どもに6年間の基礎教育を保証しました。その後、第二次世界大戦のために教育システムの発展は足踏み状態となりました。しかし１９７１年には大きな教育改革の一環として、義務教育は9年に。これは現在まで続くフィンランドの教育制度の礎石となりました。

フィンランドの教育のもうひとつの特徴、そしてPISA調査で成功を収めた他の国々と大いに異なる点、それは教育における「ゆとり」です。ゆとりが意味するところは、フィンランドの学校はとても平易だということです。特に、フィンランドの小学校では多くのことを遊びを通して学びます。学校で過ごす時間も短く、たいてい朝の9時から13時くらいまでです。7歳から14歳の学校での授業時間数はOECD加盟国の中でも3番目の少なさですし、宿題もほとんどありません。それから、どうかフィンランド人に「塾」の話はしないで下さいね。フィンランドに塾は存在せず、それがどんなものであるか、まったく想像がつかないからです。フィンランドに私立の学校はほとんどなく、いい高校や大学に入るために小学校や幼稚園のときから努力するということはまずありません。学校は成績でランク付けされておらず、親はみな子どもを家の近所の学校に通わせます。また日本でいう小学5年生になるまで、子どもが成績で数値評価を受けることもありません。

学校教育は無料なのだから、つまり税金によって運営されていることになります。しかし、フィンランド人は教育に巨額な税金を投資しているのでしょうか？　その答えはノーです。実際には政府予算の13％程度、およそ670億ユーロほどしか教育文化省には割り当てられていないのです。フィンランドの教育に対する投資額は、限りなくOECD加盟国の平均に近い数字です。両親の給与がそれほど教育に割かれていないからこそ、子どもに勉強しろしろとプレッシャーを与えずにいられるのかもしれません。

不思議なことだと思われるかもしれませんが、PISA調査の結果は子どもたちが教室にじっと座っている以外でも、学ぶことができるのだという考えをサポートしているように思えます。フィンランドは、競争社会ではありません。僕はそれを大方いいことだと思いますが、欠点がないとはいえません。人生で失敗をしてしまった人々に対して、生活や雇用に対するセーフティネットがあるのはいいことですが、そのセーフティネットが一部の人々を怠惰にし、人生の中で何かを達成するためにベストを尽くさなくさせることもあるのです。しかしながら、フィンランドの教育すべてにはゆとりがあります。これは僕が我が子に望むことでもあるのです。

平等とゆとり、これはフィンランド式教育の大事な要素ですが、PISA調査における成功の最大の要因——それは学校の「先生」にあると考えられています。先ほどお話ししたように、フィンランドは教育にそれほど多額のお金をかけていません。でももしかしたら、フィンランド人の最大の投資は先生であると言えるかもしれません。フィンランドの学校の先生たちはみな、大学院で修士を取得しています。つまりは、高学歴の人々なのです。先生の給与はそれほどよくありませんが、とても人気のある職業です。先生を志す人は皆なみなみならぬ情熱を持っており、大学は多くの志願者の中から優れた学生を選ぶことができるのです。

フィンランドでは先生は子どもの親たちから尊敬を集める存在で、生徒の親から悩まされるようなことはありません。また先生たちの能力は高く評価され、学校全体のシステムが先生への信頼に基づいています。それが意味するところは、先生たちの独立性。フィンランドの先生たちは、指導法はもちろんのこと、教材の選択までもまかされています。これによって先生たちの強みが生かされ、生徒たちの個別のニーズに対応することも可能になります。国から学校教育の核となるカリキュラムは定められているものの、その範囲は限定的。学校や先生たちによって決定される多くの余地が残されています。かつて先生たちは明るさと希望の象徴として、「国民のロウソク」と呼ばれていました。

2 ゆとりが子どもを育てる、フィンランドの教育システム

フィンランドの教育システムについて、簡単に示したのが左の図になります。赤ちゃんが生まれたら乳児期を家庭で過ごした後、両親は幼児教育の方法として①民間保育サービス（第1章でご説明した家庭保育士などもこれにあたります）、②自治体保育サービス（保育園・生後9ヶ月〜就学前まで。入園時期や保育時間等は各家庭により異なる）、③保護者自身での保育の3つのいずれかを選択することになります。では、その幼児教育から、それぞれの段階における教育の内容を見ていきましょう！

幼児教育

フィンランドの自治体（公共）の保育サービスには、日本の保育園や幼稚園のような複数のシステムはなく、原則的には限りなく日本の保育園に近い保育園しかありません。教育的な要素はほとんどなく、子どもたちは遊びを通して学びます。この保育園には、早ければ生後9ヶ月から入園でき、就学前の6〜7歳までを過ごすことになります。希望者は総合学校

フィンランドの教育システム

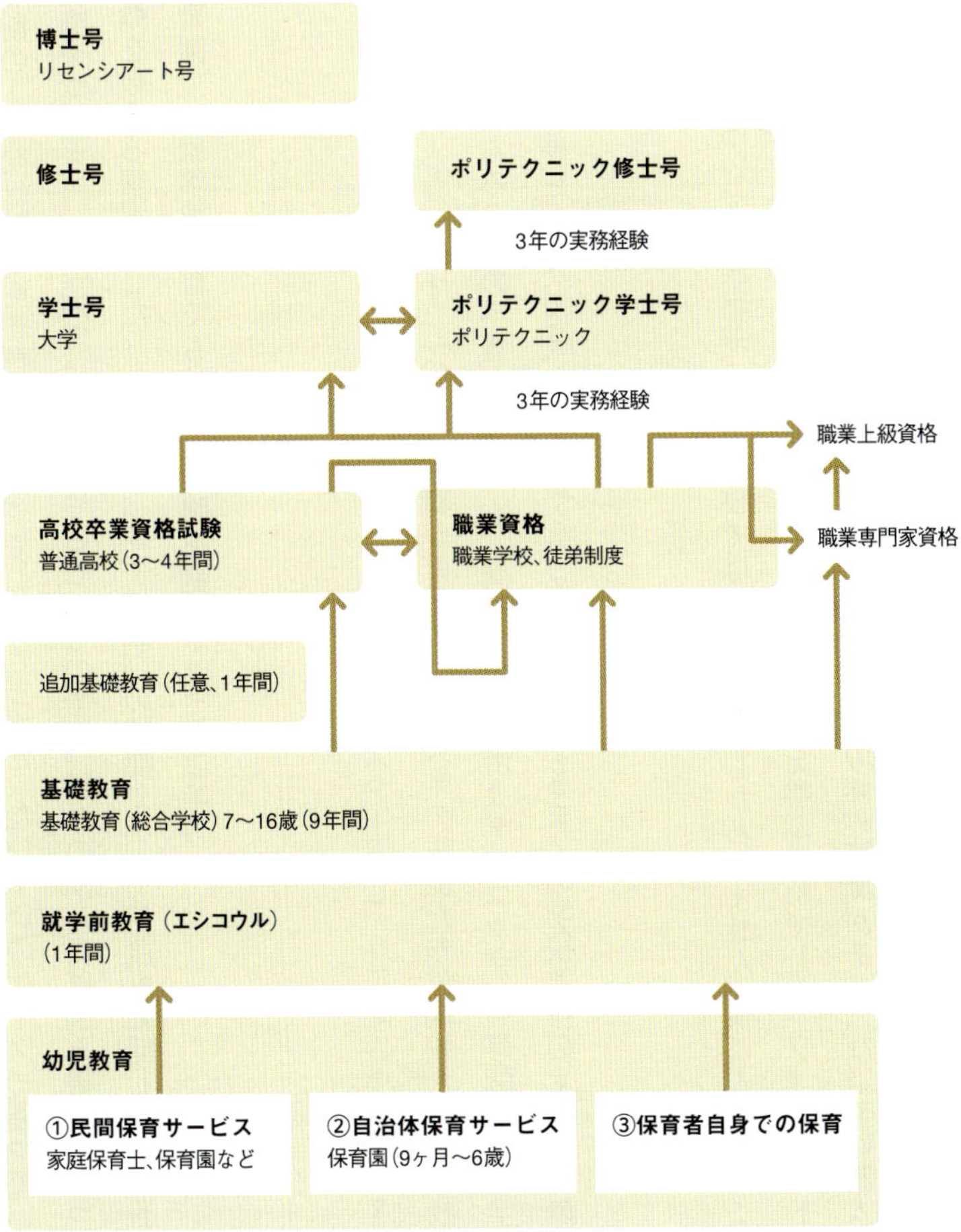
博士号
リセンシアート号
修士号
ポリテクニック修士号
3年の実務経験
学士号
大学
ポリテクニック学士号
ポリテクニック
3年の実務経験
職業上級資格
高校卒業資格試験
普通高校（3〜4年間）
職業資格
職業学校、徒弟制度
職業専門家資格
追加基礎教育（任意、1年間）
基礎教育
基礎教育（総合学校）7〜16歳（9年間）
就学前教育（エシコウル）
（1年間）
幼児教育
①民間保育サービス
家庭保育士、保育園など
②自治体保育サービス
保育園（9ヶ月〜6歳）
③保育者自身での保育

に入る前の1年間は就学前教育を受けることができますが、たいていのケースで通っている保育園で実施され、その内容は極めてやさしいものです。ほんの少しだけ読み書きを習ったり、数を数える練習をしたりしますが、大半は遊びの時間。そして何度もお話ししたとおり、保育園でも就学前教育でも多くの時間を屋外で過ごします。

学校教育

フィンランドの教育システムは9年間の義務教育からスタートし、6年間の小学校と3年間の中学校からなります。この基礎教育が修了すると、大半の生徒たちは高校か専門学校に進みます。もちろんこの学費も無料です。高校の後は、ポリテクニック(高等職業専門学校)や大学へと進むことができ、その学費を含め博士号をとるまでの学校教育のすべてが無料です。

小・中学校について：僕自身、小・中学校ではよい思い出しかありません。僕にとってそこは友達と会って遊び、きちんとした昼食をとり、かつ何かを学ぶ場所でした。フィンランドの小・中学校では授業は45分間。授業の合間には10〜15分の休み時間があり、たいてい友人たちと校舎の外で過ごしました。新鮮な空気を吸って、ありあまるエネルギーを屋外で消費したものです。

高校について：僕の経験から言えば、フィンランドの高校はとてもリラックスした場所でした。高校入学には、中学校3年時の成績の平均が適用されます。少数ではあるものの、フランス、ドイツ、ロシア語専門の高校や音楽やスポーツに重点を置いた高校もあります。また、非公式なランク付けではあるものの、極めて優秀な成績でないと入れない高校も存在します。しかし、一般の生徒にとってそのランク付けはほとんど意味がありません。特に地方では生徒たちは家の近所の高校に行くだけ。僕もその一人でした。

高校生活の終わりには、全員が「マトリキュレーション」と呼ばれる卒業試験を受けます。日本の大学のようにフィンランドにも入学試験はありますが、この卒業試験の点数も加算されるため、生徒たちは真剣に取り組みます。猛烈に勉強しなくてはならず、これは学業生活で最初の大仕事。各自4科目のテストを受けなければなりません。国語は必須で、次のなかから3科目を選びます。第二国語（母語がフィンランド語の生徒はスウェーデン語、スウェーデン語が母語であればフィンランド語)、外国語(だいたい英語が選択されます)、数学、そしてレアルと呼ばれる科目の集合体。このレアルには数学と言語以外に高校で習得する科目である宗教、心理学、哲学、歴史、物理、化学、生物学、地理学などが含まれています。

大学入学に際して、フィンランドにも「浪人生」は存在します。特に人気のある専攻分野である法律、医学、社会科学などはその典型です。日本でいう2浪はよくあることで、なかには3浪、4浪の人もいますが、フィンランド人は気にかけません。長い目でみれば、その時間は人生にそれほどの影響を及ぼしません。就職のときにも、もちろんそれが不利に働くことはないのです。

大学生活について、大学の学費も無料なことについては触れましたが、実際には無料なだけでなく政府から研究費が支給されるのです。安価な学生向けローンとは別に、学生は月約500ユーロの学生手当を手にするのです。ただしその見返りとして、学生は一年間に定められた数の単位を取得する必要があります。学生手当は55~70ヶ月間支給されます。この学生手当の制度のおかげで、博士課程以前の学生には助成金や奨学金はそれほど大きな意味をなしません。

フィンランドの大学のよいところは、自由度が高い点です。学生は多くの異なった科目を履修することができ、専攻や指導教員を変えるのも難しくはありません。マイペースに研究ができるよう、卒業の期限も設けられていません。高校同様に大学にもランク付けはほとんどなく、就職に大学名が影響することはほとんどないのです。

3 子どもをとりまく環境

1 フィンランドの四季と、伝えておきたい様々なスキル

日本同様に四季があり、大いなる自然に囲まれたフィンランド。そこでは僕が子どもたちに受け継いで行きたいもののいくつかがあります。そのひとつが、雪そのものの扱いや、雪上での足となるスキー技術のスキル習得を目的とした「スノウ・ハウ（Ｓｎｏｗ-ｈｏｗ）」です。僕はスキーやスケート、雪のお城造りや雪玉投げ、雪原をそりで滑り降りるような冬の時期に必要なスキルは、フィンランドの重要な文化遺産だと思っています。そしてその技術は、僕たち夫婦が次の世代―つまり息子と娘―に渡したいもののひとつです。

僕が子どもに覚えてもらいたいもののもうひとつは、秋に訪れるベリーやキノコ類の収穫です。フィンランドには「自然享受権」という考え方があります。誰もが公平に自然の恵

みを享受するための法律で、誰の所有地であっても、その森林に自由に入ってベリー摘みやキノコ摘みをすることが許されているのです。

そして、夏。フィンランド人は7～8月に長い休暇をとりますが、その大半の時間を湖畔などにある夏小屋で過ごします。最高の夏小屋とは、電気も水道も通っていないような不便な場所のことを指します。その小屋を拠点に、湖で泳いだり、魚を釣ったり、自分で火をおこしてバーベキューをしたり……。数週間の田舎生活を楽しむのですが、そうした時に役立つアウトドアのスキルもまた、子どもたちには身につけさせたいと考えています。

妻の父は大のアウトドア好き。息子も娘もいとこたちに混じって、祖父からアウトドアに関する知恵や知識を学んでいるところです！

2 これからも進化を続ける、子どもにやさしい社会

僕はフィンランド社会がこれからますます子どもにやさしい社会になっていくのではないかと考えています。これは恐らく、少子化で人々が少ない数の子どもしか持たず、時間とお金を子どもにかけるようになったからだと思います。また価値観も、時間をかけてゆとりあるものに変化したからなのかもしれません。僕はこれらの変化が、豊かで発達した国の典型だと考えています。

むしろ、フィンランド社会では子どもが中心的な役割を果たしているといっても過言ではないかもしれません。子どもたちの存在はとても貴重ですが、決して甘やかされているわけではありません。しかし今日のフィンランド人家庭においては、多くの物事が子どもの観点で行われています。僕らの父母を含めた古い世代にとっては、そのことを理解するのが少し難しいことは分かります。昔の子どもたちは、いまよりももっと両親のコントロール下におかれて育ったのですから。

いまを生きるフィンランド人にとって家族は人生における中心的存在です。子どもを持った彼（女）たちは仕事が終わると、同僚たちがキャリアアップのためにより多くの時間を費やしているかもしれないときにも、家族の元へと家路を急ぐのです――。

子どもに人気NO.1のメニューは、母直伝のソースが決め手。

Lihapullat

〈リハプッラット〉

フィンランド風ミートボール

材料（4人分）

[ミートボール]	
牛挽き肉（または牛と豚の合い挽き）	400g
パン粉	1カップ
玉ネギ（みじん切り）	1個分
卵	1個
キューブ型コンソメ	1／2個
醤油	適量
白こしょう	適量
サラダ油	適量

[ブラウンソース]	
バター	30g
小麦粉	大さじ3
水	500ml
醤油	適量
白こしょう	適量

作り方

1.ミートボールを作る。パン粉に水少々（分量外）を加えて、ふやかしておく。
2.サラダ油をひいたフライパンを中火で熱し、玉ネギがしんなりするまで炒め、冷ましておく。
3.ボウルに②と牛挽き肉、①、粉状に砕いたコンソメ、醤油少々を入れて手でよく混ぜ合せる。
4.③をゴルフボール大の球状に丸め、サラダ油適量を注ぎ入れたフライパンで5〜6分揚げ焼きにする。
ミートボールはできたてが美味しいので、火が通ったらここで2〜3個、子どもとつまみ食いするのがおすすめ！
5.ブラウンソースを作る。フライパンにバターを入れ、中火にかける。
ここに小麦粉を加え、木べらでかき混ぜながら薄茶色になるまで火を通す。
6.⑤に水を加え、滑らかになるよう木べらでよく混ぜながら、15分ほど火にかける。
最後に醤油と白こしょうを加えて味をととのえる。好みでケチャップやマスタード（分量外）を加えてもよい。
7.④の上に⑥をかけ、マッシュポテトや野菜など好みの付け合わせ（分量外）を添えてテーブルへ。

〈ARABIA〉

Runo Series

ルノ シリーズ

フィンランド・タンペレ出身の若き女性デザイナー、ヘイニ・リータフフタが「パラティッシ」のフォルムに装飾を施したシリーズ。「ルノ」とはフィンランド語で「詩」を意味しています。四季にインスパイアされたという繊細な柄が特徴的。左写真の「サマーレイ」のほか、四季にちなんだネーミングの器が揃う。右写真は「ルノ」から派生した新シリーズの「ルノ バタフライ」より。

ミートボールはフィンランド人にとってのおにぎり的存在。いわばおふくろの味、ソウルフードです。ブラウンソースを省略して、ケチャップで食べてもＯＫ！「ルノシリーズ サマーレイ プレート（直径26cｍ）」¥5,250 ㊂スキャンデックス ☎03・3543・3453 www.scandex.co.jp

フィンランドがくれた宝物4

ちょっとワガママな個人旅行もOK!
経験豊富な北欧専門の旅行会社。

問い合わせ:フィンツアー ☎03-3456-3933 rsv@nordic.co.jp

オーロラにサンタクロース、ムーミン……。フィンランドが誇る大自然やそこに生きる人々がくれる宝物の数々に出会いに、あなたもあこがれの地を旅してみませんか? 興味はあるけど、初めての国を子ども連れで旅するのはちょっと不安……。そんなときに頼りになるのがフィンランド政府観光局も推薦する、北欧専門旅行会社のフィンツアーです。創立31年の豊富な経験から来る手配力と情報量で、個人旅行の手配から添乗員が同行するツアー旅行まで、望み通りの旅が実現します。

たとえば「冬休みにフィンランドに行ったらぜひオーロラを見たいし、子どもを本物のサンタクロースに会わせてあげたい。でもヘルシンキの街も楽しみたいなぁ」というあなたには、「オーロラ&クリスマス サンタ村&サーリセルカとヘルシンキ8日間」の旅を。夏の時期ならムーミンのテーマパークの開園時期にあたるため、「ムーミンファンのためのムーミン谷物語8日間」やフィンランド人家族とのふれあいが楽しめる「森と湖　ミルカママのファームステイ6日間」などのコースも選べます。

魅力的な旅行プランに加え、フィンツアーの利用者なら旅行中24時間いつでも電話で日本語サポートが受けられるサービスもあります。これなら安心してフィンランドのよさを満喫して頂くことができるはずです。旅のヒントがたくさんみつかるホームページもぜひチェックしてみて下さい!

北欧の旅の専門店
フィンツアー

www.nordic.co.jp
フィンツアーの店舗所在地は東京都港区芝5-13-18 MTCビル 9階。冬期には、オーロラの観測地であるラップランド等にも日本人駐在員や係員がいるので、安心して旅ができる。

第5章

親子で楽しむフィンランドの旅へ

1 我が子とフィンランドを旅すべき6つの理由

これまでにたくさんのお話しをしてきたフィンランドは、家族旅行に最適な場所でもあります。世界でも有数の美しい自然と安全性、そしてそこに暮らす一見シャイだけれど本当はフレンドリーな人々。お子さんとともにフィンランドを旅したなら、きっと多くのすばらしい体験をして頂けるはずです！　まずは僕が考える、フィンランドを旅すべき6つの理由からご紹介します。

1 四季のドラマを織り成す、美しい自然

フィンランドは国土のおよそ3分の2が森林に覆われ、約18．7万個の湖を有します。すなわちこの国を訪れること＝自然の中に身を置くことを意味します。春は森でハイキング

やバーベキュー、夏には湖や海で水遊びを。秋には紅葉の美しさを味わいながら、ベリーやキノコ摘みを楽しみ、冬は北国ならではの雪遊びを満喫して下さい。北極圏ではオーロラ観測にもぜひトライを！

2　安全性の高い食べ物とクリーンな水道水

フィンランドのすべての街には良質な食べものを提供するレストランや食料品店があり、必要とするものを見つけるのに困らないはずです。またヘルシンキの市場では新鮮な魚、ベリー類、キノコなど旬の食材を手に入れられます。世界でも屈指のクリーンさを誇る水道水にもどうかご注目下さい。

3　いつまでも愛される、北欧デザインの数々

日本の皆さんにもおなじみのマリメッコやイッタラ、アールトの建築物などをはじめ、フィンランドは優れたデザインの宝庫。買い物袋をフィンランドのグッドデザインで満た

しましょう！　デザイン関連ならこのサイト必見です。www.designdistrict.fi

4　公共スペースの広さと&交通の便のよさ

ヘルシンキのような都市でも田舎でも、国内のいたるところがベビーカーに子どもをのせて動き回るのに不便のないつくりです。広く自転車の乗り入れがない歩道は、幼い子どもが歩くのにも安心。ヘルシンキはバス・トラム・地下鉄・電車・フェリーを網羅した、世界でも最高の公共交通システムを持っており、安価で快適な旅をお約束します。

5　サンタクロース、ムーミン、アングリーバード

フィンランドは世界中の子どもたちから愛されるサンタクロースやムーミン、アングリーバードなどのキャラクターの故郷です。ヘルシンキ、ナーンタリ、タンペレ、ロヴァニエミなどの都市のテーマパークやショップで彼らに出会うことができるでしょう。

6　子どもにやさしい、北欧のライフスタイル

フィンランド人は労働時間を短く保ち、子どもと一緒に多くの時間を過ごすライフスタイルを送っています。特にヘルシンキやタンペレなどの大きな都市では、男女がともに子育てに取り組む姿を目にする機会が多いはず。公園やレストランなどさまざま場所で彼らのライフスタイルに触れ、交流をはかってみてはいかがでしょうか？

さぁ、あなたもフィンランドを旅してみたくなりましたか？　日本からフィンランドまで直行便ならおよそ10時間のフライト。飛行機のエンターテインメント・システム等をうまく利用すれば、小さなお子さんでも飽きることなく旅ができます。次の長期休暇の旅先候補には、ぜひフィンランドを加えてみて下さい。次ページからは親子でフィンランドを楽しんで頂くための、ＭＩＫＫｏオリジナルの旅行プランを提案したいと思います！

親子でフィンランド!を
100%満喫するための

MIKKOのオリジナルトラベルガイド

PART 1 首都ヘルシンキの厳選アドレス18

帝政ロシア時代の1812年から国の政治・経済・文化の中心として栄える首都。
親子旅行でぜひ訪れて欲しいスポットを厳選しました!

©Jussi Hellsten

UNESCO World Heritage

スオメンリンナ要塞
Suomenlinna

1991年、ユネスコの世界文化遺産に登録されたスオメンリンナは6つの島からなる海上の要塞。いまでは、ヘルシンキの街の一部となっています。マーケット広場にある乗り場から、フェリーでゆられることおよそ15分。頑強な防御壁が張り巡らされた要塞の中にはひとつの街が形成されており、レストランやカフェ、食料品店も多数。緑の芝生が美しい公園や崖の上でのピクニックや洞窟&トンネル探検もおすすめです。

●Suomenlinna, Helsinki
www.suomenlinna.fi

Play Spot

©Sakke somerma

コルケアサーリ・ヘルシンキ動物園
Korkeasaaren eläintarha

市内の中心部に浮かぶコルケアサーリは、島全体が動物園。世界各地から集められた約150種の動物と約1000種類の植物が迎えてくれます。一部の動物が活発に行動する冬期に訪れるのもいい。

●Mustikkamaanpolku 12, Helsinki
www.korkeasaari.fi

リンナンマキ遊園地
Linnanmäki

40種類を超える乗り物と、夏期には野外ステージで行われる大道芸で幅広い世代に人気。展望台や観覧車からはヘルシンキの大パノラマも楽しめます。お腹がすいたら、ミートボール・バーへ急いで!

●Tivolikuja 1, Helsinki
www.linnanmaki.fi

Mikko's Advice!

リンナンマキ遊園地の入場口近くには水族館(入場料別)もあり、見応え充分。近年ではアミューズメント・スポットも食事に力を入れているので、場内のレストランやカフェも利用してみましょう。交通機関の料金と入園料が一緒になったお得なチケットもあります。

※観光地やショップ・レストラン等の営業日時や料金等につきましては、HP等でご確認下さい。

Museum

自然史博物館
Luonnontieteellimen museo

動物の剥製が多数の「フィンランドの自然」や恐竜の標本もある「生命の歴史」などの常設展示が最高です。

●Pohjoinen Rautatiekatu 13, Helsinki
www.luomus.fi/museo/

©Sakke somerma

セウラサーリ野外博物館
Seurasaaren ulkomuseo

市内の北部に佇む小島には、国内の全土から集められた古い家々や美しいウォーキングコースもあり。

●Seurasaari, Helsinki
www.nba.fi/fi/museot/seurasaaren_ulkomuseo

Mikko's Advice!
ヘルシンキ市内には、この他にもすばらしい博物館、美術館がたくさんあります。お子さんにはトラム博物館も人気!パパやママには国内のグッドデザインを集めたデザイン博物館やフィンランド建築博物館も興味深いかもしれませんね。

Park

©Niko Soveri

カイヴォプイスト公園
Kaivopuisto

ヘルシンキ市内屈指の高級住宅街にある、海に面した美しい公園。コーヒー片手に海に浮かぶヨットを眺めたり、芝生の上で一休みも。

●Ehrenströminkatu通りとPuistokatu、Iso Puistotieの間。

©Mika Lappalainen

エスプラナーディ公園
Esplanadi

きれいに手入れされた植栽に目を奪われる、市内のシンボル的公園。近くのデパートやマーケット広場で買った食べ物も楽しめます。

●Pohjoisesplanadi通りとEteläesplanadi通りの間。

Mikko's Advice!
市内の公園の多くには大きな木製ボックスがあり、中にある砂場用のおもちゃ、クルマなどは誰でも自由に使うことができます。市では夏期に子どもたちのために無料でスープを配るサービスを実施。マイカップ、マイスプーンが必要です。

Market

©Joni Rousku

ハカニエミ・マーケットホール
Hakaniemen Kauppahalli

地元客で賑わうこの市場では、手頃な値段でフィンランドの郷土料理が味わえます。1階は食料品、2階には手工芸品や土産物が揃う。

●Hakaniemi, Helsinki
www.hakaniemenkauppahalli.fi

©Birgit Liukkonen

オールド・マーケットホール
Wanha Kauppahalli

古いレンガ造りの建物の内部はフィンランドが誇る最高のグルメの数々が並びます。ビーバーのソーセージを売る屋台をぜひ試して!

●Eteläranta 1, Helsinki
www.wanhakauppahalli.com

Mikko's Advice!
海に面したマーケット広場は年中オープンしており、野菜、果物、魚などの旬の食材のほか土産物を売る店も。夏には甘いグリーンピースをさやから出してそのまま食べるのがお約束。アンティーク好きならヒエタラハティにも足を運んで!

Shop

マリメッコ・マリクルマ
Marimekko Marikulma

フィンランドを代表するブランドマリメッコの旗艦店。斬新でユニークなデザインのアイテムが多数。充実の子どもグッズコーナーも。

●Pohjoisesplanadi 33, Helsinki
www.marimekko.com

イッタラ・ショップ エスプラナーディ・ヘルシンキ
iittala Shop Esplanadi Helsinki

アールトやカイ・フランクをはじめデザイン界のスターたちの手による器が勢揃い。ムーミンの器も。

●Pohjoisesplanadi 25, Helsinki
www.iittala.com

©Sakke Somerma

デザイン・フォーラム・フィンランド
Design Forum FInland

フィンランドのグッドデザインばかりを集めた殿堂的ショップ。メモ帳から服や宝飾品、家具に至るまで、魅力的な商品がズラリ。

●Erottajankatu 7, Helsinki
www.designforum.fi

Restaurant

ラシパラッツィ
Lasipalatsi

本物のフィンランド料理を食べたいなら訪れるべきレストラン。地元生産者から仕入れた新鮮な食材を、極上の一皿として提供する。

●Mannerheimintie 22-24, Helsinki www.lasipalatsi.fi

©Katja Turunen

カハヴィラ・スオミ
kahvila Suomi

ボリュームたっぷりのマッシュポテト添えミートボールなど、シンプルなフィンランド料理で人気の店。映画『かもめ食堂』の舞台。

●Pursimiehenkatu 12, Helsinki
www.kahvilasuomi.fi

レストラン・トリ
Ravintola Tori

トレンディなプナヴオリ地区にあるヨーロッパ&地中海料理を供する洒落たレストラン。親子で訪れたい飲食店として、受賞歴もある。

●Punavuorenkatu 2, Helsinki
www.ravintolatori.fi

Cafe

モコ・マーケット&カフェ
Moco Market&Cafe

多国籍の雑貨や洋服を扱う店舗に併設されたカフェ。カフェ横には子どもが遊べる小さく可愛らしい家もある。週末ブランチも狙い目。

●Perämiehenkatu 10, Helsinki
www.moko.fi

ウェインズ・コーヒー・カフェ・フォーラム
Waynes Coffee Café Forum

大型ショッピング・センター「フォーラム」内にあり、買い物中の休憩に便利。無料のWi-Fiもある。マフィン、サンドイッチ等もおいしい。

●Simonkatu 8, Helsinki
www.waynescoffee.fi

カール・ファッツェル・カフェ
Karl Fazer Café

建築やインテリアで有名な創業110年の老舗カフェ。国内最大手のキャンディ&チョコレートメーカー・ファッツェル社による経営。

●Kluuvikatu 3, Helsinki
www.fazer.fi/karlfazercafe

フィンランドを旅する
パパ&ママのための

お役立ちQ&A

子どもと一緒の旅には万全の対策が必要。
旅立ち前に知っておきたいあれこれを、
Q&A形式でお教えします!

Q オムツやベビーフード、ミルクはどこで買えるの?

A 国内にあるすべてのスーパー・マーケットやほとんどのキオスクでは、ベビーフードやおむつを販売しています。ミルクは粉ミルクが主流で、レストラン等で頼めばお湯がもらえます。

Q フィンランドではどんなベビーカーが使いやすい?

A 雪がたくさん降り積もる冬期には、断然大きな車輪のベビーカーをおすすめします。残念ながらフィンランドにはベビーカーがレンタルできる場所はありませんので、ご注意下さい!

Q 公共の場で子どもが泣き出した、さぁどうする?

A フィンランド人は赤ちゃんや子どもにまつわる騒音には寛容です。公共の場や飛行機の機内などで子どもが泣いても大丈夫。おやつを与える時も、公共の場所等のほとんどでOKです。

Q 飛行機やクルーズ船内での子ども向けサービスは?

A 飛行機内では子ども向けに絵本やお絵かきセットなどが提供され、エンターテインメント・システムには専用プログラムも。長距離列車には食堂車があり、クルーズ船のサービスも充実。

Q 子どものしつけはどうなっている?タブーはある?

A フィンランドでは体罰が法律で禁止されており、社会的にもタブー。子どもはカフェやショップで歓迎されており、騒いだり歩き回ったりするのも子どもなら当たり前とされています。

Q フィンランドを旅するなら、どの時期がベスト?

A 何を体験したいかにもよりますが、真っ白な雪の世界を望むなら12月～3月がベスト。白夜のシーズンとなる6～8月もリラックスするのにはもってこい!湖とサウナが待っています。

Q フィンランド語を話せないけど、不便はない?

A 都市部では、ほとんどのフィンランド人が流暢な英語を話しますのでご安心を。地方で困ったことがあった場合も、英語であなたを助けてくれる人は間違いなく見つかることでしょう。

Q 緊急時のために覚えておきたい連絡先を教えて!

A EU国内のどの固定電話、携帯電話からでも、ダイヤル112を回せば無料の緊急サービスに接続されます。ヘルシンキ市内の24時間医療サービスについては ☎ (09) 10023へ。英語可。

Q お土産用に子供服を買うなら、おすすめはどこ?

A ナンソ(Nanso)やイヴァナ・ヘルシンキ(Ivana Helsinki)、プナヴォレン・ペイッコ(Punavuoren Peikko)などのブティックやデパートのストックマン(Stockmann)などへどうぞ!

©Mika Lappilainen

PART 2 春夏秋冬シーズン別 1Weekプラン

自然も人々も生き生きと輝く、春らんまんの旅。

雪と氷に閉ざされた暗く長い冬は終わり!　光を取り戻し、笑顔に満ちたフィンランドの人々に会いに、ヘルシンキと古都トゥルクへ出かけましょう。

気候と服装

3月〜5月の気候は、月によってだいぶ異なります。3月はまだ冬の名残で寒く、最低気温が氷点下になることも。防寒対策が必須です。一方5月は日中の最高気温が15℃前後になることもあるため、着脱しやすい重ね着がベストです!

旅のインフォメーション

ヘルシンキ＝ヴァンター国際空港から市内まではバスかタクシーの利用が便利。空港から市内までおよそ30分の道のりです。またヘルシンキ市内からトゥルクへの移動は、フィンランド鉄道の特急列車で約2時間。食堂車もついています。

ヘルシンキ3泊+トゥルク3泊

6泊7日新緑の春愉楽コース

DAY 1

荷物をホテルに預けたら早めの夕食をとりにレストランのトリへ。帰りにデパートのストックマンの地下で夜食用のカレリアンパイやジュースを購入。サウナで旅の疲れを癒し早めに就寝。

ヘルシンキ泊

DAY 2

マーケット広場やオールド・マーケットホールでスナックや昼食を購入。一路フェリーでスオメンリンナ要塞へ。敷地内の芝生でピクニックかレストランで昼食。午後は自然史博物館や買い物へ。

ヘルシンキ泊

DAY 3

ヒエタラハティのアンティークショップを覗いた後、カイヴォプイスト公園まで散歩。昼はモコ・マーケット&カフェにて。午後はトラム博物館へ。夕食はラシパラッツィで本格料理を。

トゥルク泊

DAY 4

朝の列車に乗って古都トゥルクへ。昼食を済ませた後、早めにソコス ホテル カリビアにチェックイン。ホテル内にあるスパで子どもと一緒に一日中遊ぶ。今日はこのままホテルに宿泊。

トゥルク泊

DAY 5

朝一番でトゥルク城を訪問。昼は河岸にあるレストランまたはカフェか、船上レストランでゆったりと。午後は街の中心でインテリアや子ども服などの買い物を思う存分楽しみましょう。

トゥルク泊

DAY 6

バイキングまたはタリンク・シリヤラインの1日クルーズを満喫。後者からは子ども連れに最適なムーミン・クルーズも出航! 船は通常夜8時頃帰港。駅に直行し、列車に乗ってヘルシンキへ。

ヘルシンキ泊

DAY 7

最終日は買い物へ。ストックマン、エスプラナーディ通り、ショッピングモールのカンッピ(Kamppi)などが便利。カンッピ4階には子ども服の店が多数。下の階にはマリメッコなどの店も。

機内泊

Mikko's advice

春に訪れるなら、フィンランドの中でも最も美しい街のひとつ、古都トゥルクをおすすめします。街はアウラ川によって右岸と左岸に分けられています。川に浮かぶ船上レストランや河岸にあるカフェ等でゆったりと食事やお茶を楽しんで下さいね。

ソコス ホテル カリビア
Sokos Hotel Caribia

スパには温水プールを含む8種のプールとウォーター・スライダーがある。

●Kongressikuja 1, Turku www.sokoshotels.fi/hotellit/turku/caribia/

トゥルク城
Turun Linna

13世紀後半、当時フィンランドを統治していたスウェーデンによって築城。河口に佇む重厚な石造りの城。

●Linnankatu 80, Turku HPなし

バイキングライン
Viking Line

朝港を出航、小島を旅して夜に帰港するピクニック・クルーズを堪能。

●Ensimmäinen linja, Turku, www.vikingline.fi

沈まぬ太陽を愛でる、フィンランド流の休日。

1年のうちで最も過ごしやすく、北欧ならではの白夜を体験できるこの季節。
緑あふれる国立公園やムーミンのテーマパークまで足をのばしてみませんか？

気候と服装

6〜8月の最高気温の平均は20℃前後。30℃を超える気温になっても、空気が乾燥しているため日本のような蒸し暑さは感じません。逆に夜間を中心に10℃前後まで冷え込むことがあり、夏場でも厚手の羽おるものなどがあると安心。

旅のインフォメーション

ヌークシオ国立公園には、ショッピングセンター・カンッピの近くにあるバスターミナルからバスの利用が便利。ヘルシンキからナーンタリへは直接アクセスできないため、バスか列車でトゥルクに向かい、ナーンタリ方面行きのバスへ。

ヘルシンキ5泊+ナーンタリ1泊

6泊7日白夜の夏体感コース

DAY 1

ホテル到着後、早めの夕食をとりにエスプラナーディ通りにあるレストラン・カッペリへ。街をぶらぶらしながらキオスクなどでアイスを買い、ホテルに戻る。サウナで汗を流して就寝。

ヘルシンキ泊

DAY 2

マーケット広場でグリーンピースやイチゴを買って、スオメンリンナ要塞行きのフェリーへ。世界遺産を楽しんだ後は、街に戻ってトリで昼食。午後はデザイン地区の店をゆっくりと散策。

ヘルシンキ泊

DAY 3

ショッピングセンター・カンッピの周辺でおやつを買い、バスでヌークシオ国立公園を目指します。ピクニックや湖での水泳を楽しんだら、午後はエスポーにあるサンタクロースの夏小屋へ。

ヘルシンキ泊

DAY 4

ヒエタラハティのフリーマケットや骨董市へ。名物の子豚パン(揚げジャムパン)を試してみて下さい。昼食はレストラン・ファンニュへ。午後はリンナンマキ遊園地で過ごしてみてはいかが?

ヘルシンキ泊

DAY 5

トゥルク経由でナーンタリ行きのバスに乗り、一路ムーミンワールドへ。思う存分ムーミンの世界に浸ったら、ナーンタリの街を散歩。夜はナーンタリ スパ ホテル&リゾートに宿泊。

ナーンタリ泊

DAY 6

朝一番にトゥルク行きのバスに乗り、ヘルシンキへ。市内に着いたら、セウラサーリ野外博物館やカイヴォプイスト公園へ。ランチやお茶をしながら過ごしたり、フリーマーケットを覗いても。

ヘルシンキ泊

DAY 7

最終日はやはり買い物で決まり。デパートのストックマンやエスプラナーディ通りの店、イッタラのアウトレットショップなどを効率よく回りましょう。ショッピングセンターも便利ですよ。

機内泊

Mikko's advice

フィンランド人が最も愛する季節が夏。4〜5週間の長期休暇を過ごす人々に混じって、夏ならではのアクティブな旅を。夏期のおすすめは、森と湖の国を象徴するかのようなヌークシオ国立公園や、ナーンタリにあるムーミンワールドです。

ヌークシオ国立公園
Nuuksio National Park

新緑の森と煌めく湖の絶景が楽しめる。映画『かもめ食堂』のロケ地。

● Espoo
www.outdoors.fi/nuuksio

ムーミンワールド
Muumimaailma

ムーミンのテーマパーク。小さな島中にお話の世界が再現されています。

● Tuulensuunkatu 14, Naantali
www.muumimaailma.fi

ナーンタリ スパ ホテル&リゾート
Naantali Spa Hotel & Resort

温水プールや複数のサウナなどがある。海に浮かぶ客船を使った客室も。

● Matkailijantie 2, Naantali
www.naantalispa.fi

©Mika Lappilainen

自然と文化の両方を堪能できる、贅沢トラベル。

色とりどりの衣装をまとった街の木々に心が躍るシーズン。自然との触れ合いを楽しみつつ、ヘルシンキのあちこちで行われる文化的イベントにもご注目!

気候と服装

9〜11月はかなり肌寒い気候となります。冬の服装をイメージして旅支度を。特に11月には最低気温が氷点下になることもあるので要注意。ヘルシンキでは9月中旬から10月初旬がルスカ（フィンランド語で紅葉、黄葉を意味）の季節です。

旅のインフォメーション

ヘルシンキからタンペレへ向かうには、バスか列車の利用がおすすめです（飛行機も飛んでいますが）。電車は1時間に1〜3便あり、所要時間は1時間半〜2時間程。バスは1時間に1〜2便で、所要時間はおよそ2時間半前後になります。

ヘルシンキ5泊+タンペレ1泊

6泊7日紅葉の秋散策コース

DAY 1

ホテルに荷物を置いたら、街を探訪しながら早めの夕食をトリにて。帰りがけにカレリアンパイやブルーベリージュースをストックマン地下で調達。ホテルで寛いだら、サウナに入って就寝。

ヘルシンキ泊

DAY 2

マーケット広場とオールド・マーケット・ホールをチェック。天気がよければ、スオメンリンナ要塞へ行き、レストランで昼食。午後はトラムでフィンレイソンやイッタラのアウトレットへ。

ヘルシンキ泊

DAY 3

朝食後に子どもたちと公園へ。ランチはカハヴィラ・スオミにて。午後はデザイン地区の店を見た後、トラムに乗ってトラム博物館へGO。夕食はレストラン・ユーリ(Juuri)で楽しんで。

ヘルシンキ泊

DAY 4

午前中は自然史博物館を見学。昼食はラシパラッツィにて。午後はゆったりとコルケアサーリ・ヘルシンキ動物園で。ディナーはレストラン・シーホース(Seahorse)でいかがですか？

ヘルシンキ泊

DAY 5

1泊2日のタンペレ旅行へ出発！ムーミン谷美術館を見たらピューニッキ展望台へ。カフェで国内一美味と称されるドーナッツとコーヒーを。夜はレストラン・サルド(Salud)へどうぞ。

タンペレ泊

DAY 6

午前中はサルカンニエミで思いきり遊ぶ。ランチは園内のレストラン・ナシンネウラ(Näsinneula)で。午後はカフェと店が充実のスポットタッリピハ(Tallipiha)で過ごしましょう！

ヘルシンキ泊

DAY 7

最終日の買い物は、時間が勝負。デパート、ショッピングセンターを効率よく回って。ショッピングセンターのカンッピには、マリメッコやイッタラ、有名インテリアショップのペンティックも。

機内泊

Mikko's advice

9月中旬からのルスカの季節は本当に魅力的なんです。フィンランド第3の都市、タンペレを訪れ、自然と工業都市としての街の面白さのふたつを味わってみて下さい。タンペレではぜひ名物の黒ソーセージ（ムスタマッカラ）をお試し下さい！

タンペレ市立美術館 ムーミン谷美術館
Tampereen taidemuseon Muumilakso

トーベ・ヤンソンによるムーミンの原画を中心とした所蔵品を公開。

●Puutarhakatu 34, Tampere
http://muumilaakso.tampere.fi/ja

ピューニッキ展望台カフェ
Pyynikki observation tower Café

自然豊かなピューニッキエリアにある、展望台内の大人気カフェ。

●Näkötornintie 20, Tampere
www.munkkikahvila.net

サルカンニエミ
Särkänniemi

ジェットコースターなどのある遊園地や水族館、プラネタリウムも。

●Laiturikatu1, Tampere
www.sarkanniemi.fi

©Mika Niemi/Flatlight Films

親も童心にかえる、ウィンターワンダーランド。

すべてが真っ白くピュアな雪に覆われ静寂に包まれる街は本当に美しいもの。
サンタクロースの住むラップランドで、雪とオーロラを存分に満喫して下さい。

気候と服装

12月から2月、フィンランドは氷点下10℃以下もあたり前の極寒の地と化します。特に北極圏のラップランドを訪れるのなら、徹底した防寒対策を忘れずに。子ども向けの防寒服なら、とても質のいいものがフィンランドで手に入ります。

旅のインフォメーション

ラップランドへの移動はヘルシンキ=ヴァンター国際空港から国内線を利用するのが最良の手段。ロヴァニエミまではおよそ1時間半弱のフライトになります。サーリセルカへの移動は、ロヴァニエミからバスが便利。1日8便ほど出ています。

ヘルシンキ3泊+ラップランド3泊

6泊7日白銀の冬満喫コース

DAY 1

ホテル到着後、マーケット市場とオールド・マーケット・ホール向かいます。温かいスープを買って、暖まりましょう。夕食を済ませたらホテルに戻り、サウナで疲れを癒し、ベッドへ。

ヘルシンキ泊

DAY 2

トラムに乗って、市内観光へ出発。イッタラのアウトレットへ向かい、掘り出し物探しを。昼は買い物後にアラビア・センター内で。夕食はアテルイェ・フィンネ(Ateljé Finne)がオススメ。

ヘルシンキ泊

DAY 3

コルケアサーリ・ヘルシンキ動物園へ。ランチも園内ですませて。午後は中央駅近くのスケートリンクへ行くか、ストックマンで買い物ざんまい。夕食はラシパラッツィで正統派料理を堪能。

ヘルシンキ泊

DAY 4

早朝の便で、ラップランド地方のロヴァニエミへ。サンタクロース村やサンタ・パークを訪れ、クリスマスの雰囲気を味わって。元気があれば雪遊びも存分に楽しみ、ホテルで暖かな夜を!

ロヴァニエミ泊

DAY 5

ラップランド・サファリが提供するハスキー・サファリなどのツアーを楽しんで。夕方、サーリセルカ行きのバスに乗り、北を目指しましょう。夜はオーロラ・ハンティングのチャンスです。

サーリセルカ泊

DAY 6

ノルディック・スキーや雪遊び、雪の中での散歩を満喫しましょう。身体が冷えたら、スパで暖まると良いでしょう。夜はもちろん、オーロラ・ハンティングへ。ツアーなども利用できますよ。

サーリセルカ泊

DAY 7

朝食後、バスでロヴァニエミかイヴァロに出発。そこからヘルシンキまで国内線を利用。空港内のショップやレストランで買い物と食事を済ませ、日本への帰国便に乗り次ぎましょう。

機内泊

Mikko's advice

冬にフィンランドを旅するなら、ぜひ北極圏の街までいらしてみて下さい。サンタクロースが住むロヴァニエミには、子どもたちが大喜びするはず。さらに北のサーリセルカまで足をのばせば、オーロラ観測の確率がぐーんと上がりますよ!

サンタクロース村
Santa Claus' Village

村内のサンタクロース・オフィスにはサンタさんがいるので記念撮影を。

● SCO, Joulumaantie 1, Rovaniemi
http://www.santaclausvillage.jp

サンタ・パーク
Santa Park

人工の洞窟内はクリスマスがテーマのパークに。アトラクションが多数。

● Tarvantie 1, Napapiiri
www.santapark.com

ラップランド・サファリ
Lapland Safaris

犬ぞりツアーのほか、スノーモービルやオーロラ観測のツアーも主催。

● Koskikatu 1, Rovaniemi
www.laplandsafaris.com

モッチリとした食感でボリューム満点。休日の朝にぜひ!

Mummon pannukakku

〈ムンモン・パンヌカック〉

おばあちゃんのオーブンパンケーキ

材料(4人分)

小麦粉	400ml
砂糖	150ml
塩	小さじ1
ベーキングパウダー	小さじ1
バニラシュガーまたはバニラビーンズ	小さじ1
牛乳	800ml
卵	2個
バター(溶かしておく)	100g

作り方

1.オーブンを200℃に温めておく。
2.ボウルに材料をすべて入れ、泡立て器でよく混ぜ合せる。
3.クッキングペーパーをひいた天板に②を流し入れ、200℃のオーブンで30分程度焼く。
4.③をオーブンから取り出して天板からクッキングペーパーごと外し、
あら熱がとれたら食べやすい大きさに切る。
5.④をお皿に盛りつけ、ベリー類や砂糖、ホイップクリーム、アイスクリームなどを載せて食べる。

〈iittala〉

Sarjaton Series
サルヤトン シリーズ

2012年秋発売の「サルヤトン」は若手デザイナー6名が生み出す、大きな可能性を秘めたシリーズ。フィンランド語で「続き(シリーズ)ものではない」という名が冠され、落ち着いたアースカラーの色展開やマットな質感、メッツァ(森)、ティッキ(ステッチ)、レッティ(編み込み)などのパターンを織り交ぜた展開がなされている。料理や飲み物が映えるシンプルな図柄が秀逸。

妻の祖母から伝わる自慢のレシピです。フィンランドでは、火曜日にグリーンピースのスープとともに食べるのが伝統的。バニラアイスクリームをのせても美味。「サルヤトンシリーズ メッツァ プレート（直径26cm）」¥3.150 ㊐スキャンデックス ☎03・3543・3453 www.scandex.co.jp

フィンランドがくれた宝物5

読書は僕たちの生活の一部、親と子で本を読むしあわせ。

フィンランド人はとても熱心な“読者”。本はもちろん、雑誌や新聞もよく読みます。雑誌の数は人口比で世界NO.1。新聞は国民の約80%が毎日読んでおり、これは日本や他の北欧諸国と同様かそれ以上の数字です。

社会全体もまた読書文化を支えています。と言うのも、公共図書館の機能がとても充実しているからです。我が国の図書館のネットワークは実に壮大。国民の約80%が幼い頃から図書館のサービスを利用しています。平均的なフィンランド人は、図書館から年間平均20冊以上の本を借り受けます。これには本だけでなくCDやDVDも含まれますが、数としては世界最多となっています。

なぜ僕たちはこれほど読書が好きなのか？　ある人々はそれを暗く長い冬のせいだと考えます。確かに、そんな時には読書以外の何ができるというのでしょう？　でもそれはあまりにも短絡的な考えだと思います。明確な答えは出せませんが、フィンランド人は読書を、教育同様に我々が誇るべき大切な生活の一部だと考えていることだけは確かです。

僕の父は本のコレクターであり、その蔵書はゆうに7,000冊以上。読書好きの血は両親から引き継いだものです。そして自分の子どもたちにもまた本を好きになって欲しい。だから僕は息子と娘への本の読み聞かせを日課としています。そして子どもたち自身で読書することを励ましもするのです——。

子どもたちに寝る前の読み聞かせをするのは、僕たち家族にとってとても大切な時間。ただお話を読むだけではなく、「なぜ？」を繰り返して対話を心掛けるようにしています。

子どもと一緒に読みたい、フィンランドの本。

『ちびフクロウのぼうけん』

ノーラ・スロイェギン 作　みむらみちこ 訳
ピルッコ・リーサ・スロイェギン 絵　福音館書店　¥1,365

フィンランドの森を舞台に、すばらしい大自然とそこに生きるフクロウや動物たちの姿をやさしい眼差しで描いた一冊。

『ぼくって王さま』

アンネ・ヴァスコ 作　もりしたけいこ 訳
講談社　¥1,680

優れた挿絵を持つ作品に贈られるルドルフ・コイヴ賞2011年受賞作品。ぬいぐるみの「イエロナ」が主人公の絵本です。

『木いちごの王さま』

サカリアス・トペリウス 原作　きしだえりこ 作
やまわきゆりこ 絵　集英社　¥1,575

原作は「フィンランドのアンデルセン」と呼ばれるサカリアス・トペリウス。森で迷子になったふたりの少女の物語。

『カレワラ物語 -フィンランドの神々-』

小泉 保 編集・訳　川島健太郎 絵
岩波書店　¥672

フィンランドの民族的叙事詩『カレワラ』を読みやすい物語にまとめた児童書。美しい詩も随所にちりばめられています！

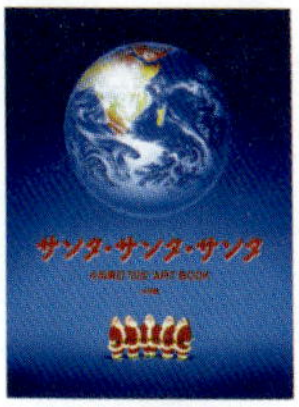

『サンタ・サンタ・サンタ』

小出真己 作
小学館　¥1,890

サンタクロースをイメージして制作された美しいアート・ブック。ラップランドのサンタさんからのメッセージも収録。

『ヌンヌ』

オイリ・タンニネン 作　稲垣美晴 訳
あすなろ書房　¥1,470

本国で40年以上も読み継がれる大ベストセラー。眠る人のお手伝いをする女の子、ヌンヌの物語。レトロで愛らしい絵が◎。

※本の価格はすべて税込みです。

デザインで選ぶ、子供グッズカタログ

デザイン大国・フィンランドのグッドデザインの数々を
MIKKOがパパの目線でセレクトしました。
まだ日本では知られていないブランドや北欧らしいデザインにご注目!

日本で買える! フィンランドで買える! どちらの国でも買える!

ワンピース

Marimekko
マリメッコ

「娘の大のお気に入りのワンピースです。クラシカルなデザインがいいですよね」。1958年に発表された、ヴォッコ・ヌルメスニエミのデザインによる1枚。あちこちに縫いつけられた大小のポケットがポイント。大人用もあるので、ママとお揃いで着ることも出来ます。90cm〜120cm ¥11,550（130cm〜¥12,600）㊂マリメッコ（ルック ブティック事業部）☎03・3794・9139

©Image by RAWR Magazine

ワンピース

Ivana Helsinki
イヴァナ・ヘルシンキ

「モダンなプリントがとても素敵。ヘルシンキのショップもぜひ訪れてみて下さい!」98年にスタートし、瞬く間にフィンランドを代表するブランドに成長。日本でもセレクトショップなどを中心に人気を博しています。79€ ㊂Ivana Helsinki Head Office（フィンランド）☎（+358）50・347・6131 www.ivanahelsinki.com

スリッパ

Reino & Aino
レイノ&アイノ

「レトロなデザインが可愛らしく、家族みんなで履いています」。暖かみのあるチェックの柄で、気持ちまで温めてくれそう。写真の赤やピンク以外にも、ブルー、グリーン、パープル、グレー、ブラウンなど多色のカラー展開で子ども用から大人用まで揃います。かかとの低い脱ぎやすく履きやすいタイプも。39,90€ ㊐Reinokauppa（フィンランド） www.reinokauppa.fi

フード付きスウェットシャツ

Makia
マキア

「いまフィンランドでもっともトレンディなブランドのひとつです。僕も大好きで、よくマキアのシャツを着ています」。91年に設立され、現在は同国のストリートウェアのひとつとして欠かせない存在となったマキア。機能的かつスタイリッシュなデザインは、キッズアイテムとしても優秀。51€ ㊐MAKIA（フィンランド） http://makiaclothing.com

ムーミンコラボ ラバーブーツ

Nokian Footwear
ノキアン・フットウェア

「天候にかかわらず野外活動するフィンランド人にとって長靴は生活必需品。ノキアン・フットウェアはもともと携帯電話のノキアと1つの会社でした」。ムーミン柄が愛嬌たっぷり。¥6,300 ㊐アメニティコンダクツ ☎0267・46・9115 www.rakuten.co.jp/1stdogcafe★Nokian Footwear（フィンランド） http://nokianjalkineet.fi/en/

ベビーボディ

Aarrekid
アーレキッド

「ブランド名の一部、Aarreとはフィンランド語で宝物という意味。森をモチーフにしたこの柄はいかにも森と湖の国のデザインらしく、しかもモダンですね」。見た目の可愛さだけでなく、素材がオーガニック・コットン100%で赤ちゃんのお肌にやさしい点もポイント!60cm〜80cm ¥3,990 ㊐DEAR ONLINE SHOP ☎059・324・8105 www.dear-jp.com

 ※商品の価格はすべて税込みで2013年4月現在のものです。予告なく変更になる可能性がありますので、予めご了承下さい。

食事は親子のコミュニケーションにとって大切な時間。
子どもたちの大好きな柄や色のアイテムを選んで食卓を
コーディネイトすれば、ますます会話も弾むはずです!

食
eat

日本で買える! フィンランドで買える! どちらの国でも買える!

HACKMAN's Cutlery

ムーミン カトラリー
4ピースセット

HACKMAN
ハックマン

「食事が楽しくなるカトラリーなので、我が家でも大活躍しています」。フィンランドの国民的キャラクター、ムーミンとその家族や仲間が描かれたカトラリーのセット。丈夫で洗いやすいステンレス製で、子どもの小さな手にもなじむよう、フォルムも計算しつくされています。¥6,300 ㊐スキャンデックス ☎03・3543・3453 www.scandex.co.jp

ククサ

Puuhari
プーハリ

「たいていのフィンランド人は名前の入ったマイ・ククサを持っています。川の水を汲んで飲んだり、摘んだベリーを入れたり、野外で使うことが多いと思います」。白樺の木にできるコブをくり抜いて作る伝統的手工芸品。Lasten Kuksa 80ml ¥4,725 ㊐北欧の本物だけ ☎03・5524・5657 www.puuhari.jp

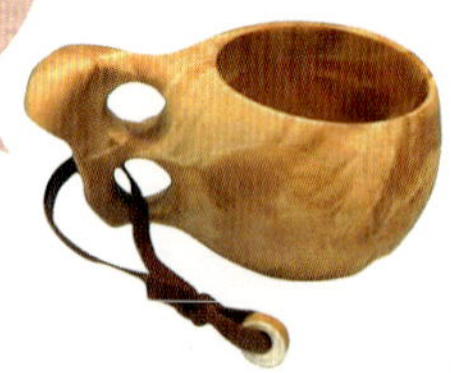

Puuhari's Kuksa

キッズプレートセット

Marimekko
マリメッコ

Marimekko's Kid's Plate Set

「息子も僕も大好きな模様で、家ではクッションカバーなども使っています。デザインを日本人デザイナーの脇阪克二さんが手がけたものだと知ったのはつい最近のこと。また日本との不思議な縁を感じました」。(写真はBO BOO柄、MINI UNIKKO柄〈花〉、KARKUTEILLA柄〈ぞう〉もあり) ¥9,450 ㊐マリメッコ(ルック ブティック事業部) ☎03・3794・9139

ブルーベリー・スープ

Valio
ヴァリオ

「パッケージのちょっとレトロなデザインが物語っているように、昔から世代を超えて多くのフィンランド人に愛されている飲み物です!」原料にはオーガニックのワイルド・ベリーだけを使用。新鮮なベリーの味と香りが口の中いっぱいに広がります。冷たいままでも、温めても美味しい。各種サイズがある。

㊐Valio（フィンランド）　www.valio.fi

ウニッコ柄哺乳瓶

AINU
アイヌ

「マリメッコのウニッコ柄とのコラボレーションがいかにもフィンランドらしいですね」。眠気との闘いの授乳タイムも、こんなに洒落たデザインの哺乳瓶がおともなら楽しく送ることができるはず。AINUはフィンランドの有名ベビー用品ブランド。フィンランド旅行の際にはベビーグッズをお土産用に購入しても。各5.10€ ㊐Berner（フィンランド） www.ainu.fi

ムーミン・バー チョコ味

Fazer
ファッツェル

「フィンランドのチョコレートは本当においしいんです！ 可愛らしいムーミンキャラクターのついたお菓子なら子どもは大喜びですね」。フィンランドの大手菓子メーカー・ファッツェル社製のスティックタイプのチョコ。写真のムーミン以外にフローレン、スニフ、ミィの柄が。¥84 ㊐マルチフッド・インターナショナル☎03・5653・0465　www.multifood.jp

住
live

長い冬の間、室内で多くの時間を過ごすフィンランド人。
家の中を少しでも心地よく、楽しくするためのデザインは遊び心も満点。
機能美あふれるデザインは子ども部屋のインテリアにもおすすめです!

日本で買える! フィンランドで買える! どちらの国でも買える!

Finlayson's Pillow & Quilt's cover

ふとん&まくらカバー

Finlayson
フィンレイソン

「娘の寝具には、この赤い像の柄を選びました。子ども部屋がパッと明るくなったんです!」。フィンレイソンは1820年にタンペレで創業された老舗ホームテキスタイルメーカー。高品質でデザイン性に優れたアイテムが揃います。ヘルシンキにはアウトレットのショップもあるので、旅行の際にはぜひ足を運んでみては? 46€ 問 Finlayson（フィンランド） www.finlayson.fi

artek's Baby Rocket Stool

ベビー・ロケット・スツール

artek
アルテック

「アルテックはフィンランドが生んだ名建築家でデザイナーのアルヴァ・アールトを始めとする4人の創設者が設立した会社。すばらしいデザインの家具が生み出されています」。このスツールは同国出身のデザインの巨匠、エーロ・アールニオによる作品。やわらかなフォルムで、子ども部屋にも安心。¥26,250 問センプレ 本店 ☎03-6407-9081 www.sempre.jp

「木製の人形やアクセサリーを多数扱うアーリッカは、伝統のある会社。この時計はポップな色使いとデザインが子ども部屋にぴったり」。1954年に木製ボタンメーカーとしてスタート。フィンランドの自然や動物をモチーフにした人形やオブジェもたくさんあります。¥22,890 ㊐Scanjap Incorporated ☎03・6272・9451 www.scanjap.com

ケイカリ・クロック

aarikka
アーリッカ

ベビー用ムートン

RUSKOVILLA
ルスコヴィッラ

「赤ちゃんの肌に優しいルスコヴィッラのアイテムは、出産時の贈り物とされることも。息子も新生児の時期には祖父母から贈られたアイテムをよく身につけていました」。ベビーチェアに敷いて使うムートンも、肌ざわりがよく寒い冬の時期などに大活躍。オーガニック製品の先駆者的ブランド、ぜひお試しを。㊐mimba. ☎03・3425・4047 www.mimba.jp

パピー(キッズチェア)

Eero Aarnio
エーロ・アールニオ

「僕も大好きなフィンランドのデザイン界の巨匠、エーロ・アールニオの作品です。息子は2歳の誕生日に祖父母から白く大きなパピーを贈られ、とても喜びました」。中は空洞のポリエチレン製で軽く、持ち運びもラク。S〜XLまで4サイズ、すべてホワイト、グリーン、オレンジの3色展開。¥7,980〜 ㊐Magis Japan ☎0120・945・512 www.magisjapan.com

シャンプー

SUOMALAINEN
スオマライネン

「フィンランド人の間ではとてもよく知られている伝説的な商品。サウナ小屋を描いたパッケージからか、"別荘のシャンプー"と呼ばれ親しまれています」。天然由来の成分で髪にも頭皮にも優しいシャンプー。クリーミィな泡立ちが心地よく、一度使ったらやみつきに。スタンダード¥1,260 ㊐ピエニ・クローネ ☎0467・25・0847 www.krone-kamakura.com

ムーミンにアングリーバード、メーメさん……。
フィンランドの新旧国民的キャラクターの遊び道具が
集合しました！　お子さんやあなたのお気に入りは？

日本で買える！　フィンランドで買える！　どちらの国でも買える！

遊具

LAPPSET
ラップセット

「遊園地から街中の公園まで、ラップランド生まれのラップセットの遊具はとてもポピュラーなんです」。遊具は大小さまざま、いま大人気の“アングリー・バード”のキャラクターがついたものまでラインアップ。ご自宅の庭にも置ける、手頃なサイズの商品もあります。価格および工事費は要問い合わせ　問テイクシー　☎03・6411・2872　http://take-c2009.com

©Antti Kurola/Lappset Group Ltd.

LAPPSET's Playground Equipment

Mauri Kunnas's Picture Book

「メーメさんは、フィンランドの子どもたちの間ではムーミン並みにポピュラーなキャラクターなんです。シリーズでたくさんの絵本が出ていますよ」。作者のマウリ・クンナス自身も、フィンランドで有名な絵本作家のひとり。他にはクリスマスやサンタクロースを題材にした絵本などもおすすめです。　問猫の言葉社　☎03・3415・6015　http://nekono-kotoba.com

『ぐっすりメーメさんの
世界旅行』・絵本

Mauri Kunnas
マウリ・クンナス

「パーツを組み立ててかたちにするのが楽しい。フィンランド版の折り紙みたいなものでしょうか(笑)」。グリーティングカードになっている一枚の板から、パーツを切り取り組み立てると、キャラクターたちが完成。他のモチーフや、同じ原理で組み立てるクリスマスツリーも。ムーミン¥1,995〜 問インターアクト ☎092・726・2760 www.lovi-jp.com

グリーティング カード

lovi
ロヴィ

ムーミン柄
はさみ

Fiskars
フィスカルス

「フィスカルスは世界中で知られる巨大企業。イッタラやアラビアもグループの一員です。子ども向けの製品もとてもよく考えられて作られています」。ムーミンがデザインされた子ども用はさみは、人間工学に基づいて作られたグリップや最先端技術で素材自体に埋め込んだ装飾等の工夫で使いやすさ満点! 問Fiskars(フィンランド) www.fiskars.eu

レッドバード
ぬいぐるみ

Angry Birds
アングリーバード

ハンマートイ

Jukka
ユッカ

「モバイルゲームに登場するアングリーバードは、いまや国を代表するキャラクターのひとつです」。小さいお子さんにユーモラスなぬいぐるみはいかが? 5〜16インチ $8.99〜 問Angry Birds Online Shop Call Center(アメリカ)※日本からも購入可 ☎(+1)717・522・4851 http://shop.angrybirds.com/asia/

「ユッカの木製玩具は、フィンランドの子どもなら1つは持っています。遊びながら物事を学ぶのにピッタリのいろんなおもちゃがありますよ」。杭をハンマーで打つ、シンプルさが◎。¥3,885 問アトリエ ニキティキ(日本) ☎0422・21・4015 www.nikitiki.co.jp★Juho Jussila(フィンランド) www.juhojussila.fi

おわりに

初めての執筆活動は、僕にとって楽しい「旅」となりました。この数年間、講演や私生活を通して身近に感じるてきたテーマ「イクメン」について書くことができたからです。その一方で、執筆をすすめるにあたっては母国や自分の人生、そして家族についてあらためて考え、学ばざるをえませんでした。本書が読者の皆さんにとっても興味深い「旅」となり、フィンランドや日本で議論されるイクメンという存在について、新たな側面をもたらすことができるように願っています。

本書がフィンランドのポジティブな話であふれているのは、母国には紹介したい良い事柄が多いからです。また僕個人の物語についてもすべてが真実であり、そのことを誇りに思います。と言ってもそれは、フィンランドが「完璧な国」であるという意味ではありません。むしろ、我が国にもさまざまな問題があり、イクメンに関する事柄ひとつとってみても、まだまだ多くの改善の余地が残されていると思います。そして世界の中でフィンランドだけがイクメンにやさしい国というわけではありません。それでも僕は母国のことしか話せませんし、フィンランドがイクメンについて最も先進的な国のひとつだと確信しています。

ここで本書の刊行に際して、謝辞を述べさせて頂きます。はじめに編集者の伊藤ゆずはさんと発行人である関東学院大学の伊藤玄二郎教授、発行元のかまくら春秋社の皆さんに、アイデアと僕に対する信頼や忍耐、そして出版を実現させて下さったプロフェッショナリズムに心から感謝しています。また僕の文章をすばらしいデザインと写真で彩って下さったデザイナーの佐藤ゴウシさん、フォトグラファーの大河内禎さんにも心からの御礼を申し上げます。ヤリ・グスタフソン駐日フィンランド大使の心強いお力添えとフィンランド大使館広報部の河村美奈さん、秋山悦子さん、服部航さんによる多方面でのサポートなくしては、本書の完成はありえなかったことにも言及すべきですね。最後は僕の家族に。僕をイクメンに育ててくれた母と父、兄と妹、義父と義母、そして息子と娘。最大の感謝は妻のエリサに捧げたいと思います。すべてのイクメンの背後には、いつもイクウィメンの存在があるのですから——。

アート・ディレクター：佐藤ゴウシ（SANKAKUSHA）
写真：宮川潤一（p5、8、193）　大河内 禎（p13、42～43、45、104～105、107、111、129、131、134、137、140、145、156～157、159、180～181、183、200～201）
写真協力：フィンランド政府観光局（Visit Finland）
コーディネート：加藤たくみ（Office Be-joy Taku）
医療監修：堤 治（医療法人財団 順和会 山王病院院長・国際医療福祉大学教授）
校正協力：河村美奈、秋山悦子、服部 航（フィンランド大使館広報部）
協力：フィンランド大使館
訳・編集：伊藤ゆずは

Mikko Koivumaa

ミッコ・コイヴマー

駐日フィンランド大使館 報道・文化担当参事官。1977年、フィンランド共和国生まれ。1997年ヘルシンキ大学に入学。日本に関する研究で修士号を取得。2003年から1年間、早稲田大学に留学。大学院修了後、独立系メディア・サービス・エージェンシーなどを経て、2010年11月より現職。プライベートでは妻と1男1女の子どもたちとの4人家族。3人の子どもたちのゴッド・ファーザー。趣味はサッカー、映画鑑賞、中東料理を作ること。www.facebook.com/Ikumenmikko

フィンランド流
イクメンMIKKOの
世界一しあわせな子育て

著者 ミッコ・コイヴマー

発行者 伊藤玄二郎

発行所 かまくら春秋社
鎌倉市小町2-14-7
電話0467(25)2864

印刷所 ケイアール

平成25年5月5日 発行

ISBN978-4-7740-0588-1 C0077